異端のすすめ

乱世を生き抜いた起業家たちの軌跡

高知工科大学総合研究所所長
元松下電器産業副社長
水野博之 著

セルバ出版

はじめに

ある学生ベンチャーのコンテストの委員長を務めている。そのコンテストは、三回目を迎えたとき、まさに劇的変化を遂げた。

ことわざにも〝石の上にも三年〟というが、このコンテストも三年目にして驚くべき変化が起きたのである。第一回目は百件あまり、なかには面白いものもあったが、その多くはアイデア的なものが多く、アイデアコンテストの感があった。二年目には五百件という大変な数の応募があってビックリ仰天したが、「一回目と変わった」という印象はなかった。

三回目になって、まったく内容が一変した。それは、水が百℃で一挙に気体に変わるような質的な変化であった。いわば革命的な変質といってよい。突如として全体の内容が劇的に向上したのである。

内容の向上とともに、応募者の行動にも劇的な変化が起こった。自らが発案したサンプルを堂々と会場に持参し、デモンストレーションをする人たちまで現れ出したのである。それも一人や二人ではない。

要するに、若人たちが動き出したのである。

いろいろ意見を聞いてみると、どうもこの数年間の世の中の変化を反映したものであるようだ。長引いた不況下、よもやと思っていた大企業、それも「優良」と目されていた企業たちが軒並み人員整理に走り出した。しかも、政治家、官僚たちは右往左往するだけで、有効な手を打つのが遅すぎる。

こうした危機感が、若者たちに急激な意識の変化をもたらしたようである。

これら若い人たちはもう〝寄らば大樹〟なんて考えは少しもないようで、自らの力で自らの発想を世に問おうとしている。おそらく、若者全体の中で見れば、ここまでの意識改革を成し遂げたのはまだ少数派であろう。

しかし、現実に世界を変えてきたのは少数の異端者たちなのである。異端視、白眼視されながら、自らの発想を信じ、工夫に工夫を重ね、何事かを成し遂げ、やがて勇者と評価されるようになった。

こうした異端者、勇者をいまふうに表現すれば起業家ということになる。

若き起業家諸君、日本を変えてくれ――。

平成16年8月

水野　博之

異端のすすめ――乱世を生き抜いた起業家たちの軌跡　目次

第二章　日本の先人にみるベンチャー起業家たち

第三章　近代文明の源「蒸気機関」の実用化に賭けた男たち

第四章　シリコンバレー産みの親たちの軌跡

第七章　出でよ異端者！

第一章　人生は工夫の程度で決まる

得意を見つけ、生かせ

☆人生「何をやるか」

誰だって人間として生まれてきた以上、何かやってみたいだろう。なかには屈折した神経の持ち主がいて「俺は断じて何もしたくない」とうそぶく人がいる。しかし、本当にそうだろうか。この人たちは「何もしない」という目的をもってうそぶいているのではないか。

かつて中国には〝竹林の賢人〟と呼ばれた人たちがいた。時の政府に絶望し、世の流れに反抗して竹林に住み、好きな詩を論じ、絵や書を書いて暮らしていたという。こんな人たちも、「何もしない」ことをその目標としたのであって、これはこれで大変な生き方である。

大体、「毎日、ぼんやりしておれ」といったって、これは退屈で退屈でしようがないだろう。こう考えてくると、人間として生まれた以上、何かをやらざるを得ない、といってよい。

では何をやるか。これが大変な命題なのだ。「生きるべきか、死ぬべきか」と悩んだハムレットほどの大テーマではないにしても、「人生、何をやるか」というのはそれぞれの人のもっている大命題なのだ。

〝論より証拠〟「あなたの仕事は毎日面白くて仕方がないかね」という質問に対して、果たして何人の人が「イエス」と答えられるだろうか。ここで「イエス」と答えた人は、もうこの拙論なんかは読む必要はない。まっしぐらに自らの好きな道を進んだらよい。

しかし、多くの人は「ウーン」と考え込むに違いない。なかには「毎日毎日会社に行くのが、嫌で、嫌でかなわん」という人もいるに違いない。こんな人はまだ自分の目標、人生を見つけていないのだ。

時として、一生、自分の人生を見つけられない人だっているだろう。いや、そんな人がマジョリティなのかもしれない。こうなってくると会社も社会も沈滞する。結果としての不況だ。生活はどんどん暗くなる。

では、どうするか？

☆「好き」なことを見つけよう

人生、何をやるか。その出発点となるのは「何が好きか」ということである。〝好きこそものの上手なれ〟という言葉があるように、何事も好きでないと成功しない。

松下幸之助は工夫が大好きであった。現在、世の中にあるものを工夫改良することで、新しい便益価値を見つけ出し、それが二叉《ふたまた》ソケットになったり、砲弾型ランプになったりして大変な富を生んだ。

人にはそれぞれの才能がある。人間の顔が百人百様なように、それぞれの個性がある。話の上手な人、話は下手だが我慢強い人、勉強がよくできる人、学問は好きではないが活動的な人、それぞれ自分の得意とするものがある。

残念なことに、いままでの教育では、このような個性を伸ばすことはあまり行われてこなかった。目標とするところは、学校での勉強がよくでき、良い（？）学校に行けるような生徒が良き生徒というわけで、全国一律、一色に塗られた教育であった。

明治建国以来の教育はあえていえば、この意味において（時として軍国主義であったり、西欧主義であったりしたが）全く同じであったといってよい。結果として、現在の日本がある。

世界も驚くような進歩はそのような均一性をもとに行われた。結果としての長き沈滞。この沈滞を抜け出すには、いま、それぞれの個性が生かされるような社会をつくる必要がある。

私は、基本的に日本人には能力がある、と思っている。能力が眠っているのだ。あるいは、日本人は一種の催眠術にかかっているのかもしれない。かつてそれは「滅私奉公」といった。「好きだとか嫌いだとかいうのはわがままだ」といった類いの牢固たる社会通念があるように思われる。したがって、われわれは自らを強く自制してきた。国のため、社会のため、家族のため、と。

さぁここらで、それらから離れて考えてみよう。「自分は一休、何が好きなのか」。かつてギリシャの哲人ソクラテスはいった。「汝自身を知れ！」

「金を貯める」と決心しよう

☆「天」からは降ってこないよ

人間として生まれてきて大好きなものといえば、「金と名誉」であろう。人間として生まれてきた以上、いい恰好がしたい。これは当然なことで、竹林の賢人といわれ、俗世界を離れたかに見える人間も、そのような脱世俗の生き方によっていい格好をし、人々の尊敬を集めようとしたのだ。

世に評論家という人たちがいて、世の権力すべてに嚙みつく（私にもちょっとその傾向があるが）ことを業としている。これも嚙みつくことによっていい恰好をし、食を得ているのであって、本当にすべての権威を否定するのであれば、最後は自分自身を否定せざるを得ず、ついには自らが無用のものとなる。

まぁ、こう考えれば、世の中生きている以上は皆、格好をつけているわけで、格好よく生きるために苦労しているわけだ。

話をもとに戻すと、格好よくあるためには、金か名誉がいる。では、金と名誉とどちらを取るか、ということになると、多くの人は金を取るだろう。金は上手に使えば名誉を招来するが、名誉は必ずしも金をもたらさない。

こうなってくると、人生、まず金ということになる。「金」、「金」というと情けないが、まぁ金がないことには、オマンマも食えぬ。ある程度(ここが大切!!)金をもつことは人生の第一義だ。

もっとも、この「ある程度」というのが重要であって、必要以上に集めようとすると浅はかなことになること、世の中に多くの例がある通りだ。

さて、そこでだ。人生まず、ささやかながら金を貯める、と決心しよう。この決心が大切なのである。毎日、ぼんやり過ごしているのではだめだ。

ところで決心しただけで、金が天から降ってくるわけではない。そこは工夫が大切だ。では、どう工夫するか?

☆はじめはささやかな工夫から

念のためにいっておくが、もちろん、人生は金だけが目的ではない。自分の家族と楽しく毎日を朗らかに暮らすのも大切なことであって、これはこれで人生の目的とするにたるものである。

しかし、この目標を達成するためにもいくばくかの金のいることもまた事実で、どうしてもある程度の金はないと世の中はまわらないものだ。この金を得るために、人間どうしても自らを売らないといけない。

よく学生諸君に申し上げるのだが、学生と社会人との決定的な違いは、金を払う側からもらう側へと変わるということである。金を払うということは自分にとってサービスを要求できる側になるということであり、一方、金をもらうということはサービスする側にまわるということである。これは百八十度の変化である。

この変化がわからないから、社会人として失敗するのである。

「会社が面白くない」とよく人々はいうが、それは当たり前なのだ。面白かったら自分で金を払わなくてはならないだろう。それは、面白い映画を見ようと思えば金を払わなくてはならないのと一緒だ。まず「会社は面白くないところだ」、と覚悟することだ。会社が「面白くて仕方がないというのは例外中の例外である」と思い定めることだ。

しかし、「毎日、面白くない」、ではたまらんだろう。では、なんとかそのなかで面白い、自分に興味のあることを見つけることである。それはささやかな工夫から始まる。

マリリン・モンローは、腰を振る歩き方から始めた。営業をやっている人は、どうしたら売り上げが上がるか、上からの指示だけでなく自分で工夫してみることだし、物づくりをしている人は、どうしたらもっと良い品がつくれるか、自らがささやかな工夫をするところから始めよう。

この毎日の工夫が大切なのである。古人も〝塵も積もれば――〟といった。

☆仕事が面白くないのは工夫していないからだ

工夫の如何によって自らの人生の充実度が決まる。それは、科学でもよいし、技術でもよい。販売の方法でもよいし、組織でもよい。何でもよいのだ。

現状を変える何か新しいもの「イノベイティヴ」であればよい。その新しさの程度に応じて得られるものが決まる。

「よし、わかった」と皆さんは叫ぶであろう。「工夫しなくてはならんのはわかるが、どう工夫するのだ。工夫、工夫と念仏のようにいったってアイデアが出てくるわけではないだろう」。

その通りである。問題は「どう工夫するか？」ということである。大げさにいえば、どう「考えるか、思考するか」という哲学的命題となる。しかし、そんなことは賢人たちに任せたらよいのであって、ここでは形而下的「日常的問題」として考えてみる。

まず、あなた方がいまやっている仕事について考えてみよう。あなたはその仕事に何らかの不満をもっているに違いない。いまの仕事に全く満足している人は、その道をまっしぐらに行ったらよいのであって、次の文は不用である。

「何が不満なのか?」を考えてみる。「やっている仕事が面白くない」って? では、「なぜ面白くないのか?」。「単調な仕事でなぁ。ちっとも面白くない!」。

そうだろうか。単調にしているのはあなた自身ではないのか。

☆「一日修理」で基礎をつくった服部時計店

セイコー・グループの前身は服部時計店である。服部さんが手掛けた時計の修理がその始りである。当時、時計は貴重品で、修理業の流行っていた時代だ。電子式時計などはもちろんなく、専らメカの組み合わせで動いていた。この修繕は、面倒臭く根気のいる仕事であった。念のためにいっておくが、時計のほとんどはスイスやドイツから輸入されていた時代の話である。服部さんはどんな工夫をしたか?


当時の時計は、ねじを巻くことによって小さな振動子が動き、歯車によってそれを指針へと伝達する。文字通りの精密機械である。中世以来、この伝統はいまでもドイツやスイスの産業の基盤を支えている。宝石と時計は、上流階級の貴重品であった。

この種の時計は、いまでもアンティークとして大変な値段がつく。この間もテレビを見ていたら、六百万円という値段のついた腕時計があって、満場をうならせていた。

当時（第二次世界大戦前）、スイス時計をもっているということはステイタス・シンボルであった。亡くなった私の親父など、金もないくせにロンジンの時計を買って嬉しがっていたものである。そんな具合であったから、故障すると当然修繕を頼む。当時はどこの街にも時計の修繕屋さんがあったものだ。

ところが、精密機械であるから、そう簡単に修理できない。部品の手配も大変だ。時として修繕の終わるまで、数日はおろか一週間も二週間もかかることもある。お客はその間、時計なしで過ごさなくてはいけない。大変不便である。


そうしたなか、服部さんは「どんな時計でも一日で修理します」と宣伝し実行したのであった。服部時計店は大繁盛となった。そしてそれがセイコー・グループのスタートとなったのだ。世界の弱電帝国ＲＣＡをつくったデビット・サーノフは、新聞配達からスタートした。彼は、他の誰よりも早く新聞を配達することによって、成功の糸口をつくったのである。

ポイントはここだ。どんな仕事にも改良すべき点はあるものである。「ないなぁ」と思う人は、そこで思考がストップしているのだ。このようなわずかな工夫が、ほかとの差別化を起こし、その企業を時代とともに大きくしていくのである。個々の人たちも同じことだ。

酒を飲んで同僚や上役のアラ探しに熱を上げる才能があるのであれば、その才を仕事のアラ探しに使い、それを改良することに用いたらどうであろうか。結構面白いと思うんだがね。

☆スピード時代を逆手にとる工夫

服部時計店の例にみるように、「スピード」というのも、一つの差別化へのツールである。昔から〝時は金なり〟というが、とくに現代のもろもろの機能は、スピードを軸として動いているのである。

現在では日本中が日帰りできるようになった。東京―沖縄を日帰りなんてことは、いまから五十年前には想像もできなかったことだ。交通だけではない。ビジネスのすべてがスピードを軸として行われていることをわれわれは、毎日のように体験している。

一言でいえば、この「情報化社会」というのは「情報」をいかに早く手に入れるか、という仕組みを中心に動いている社会といえる。

政治にしろ、経済にしろ、早く情報を勝ち取った人間が勝者となるのである。考えてみれば、うっとうしい社会になったものだ。皆、我を忘れて走り回っている。のろのろしていれば蹴飛ばされる。情緒も何もあったものではない。

もっともこのようなスピード社会を逆手に取ったビジネスもないではない。

先日、京都の嵐山に行った。嵐山の有名な渡月橋のたもとに人力車がたむろしている。頼むとヨイコラサと動いてくれる。のんびりと散策しながら名所の説明をしてくれるという趣向だ。これなどは京都の古い雅《みやび》とよくマッチしたビジネスといえるだろう。結構、値段は高いのであるが、カップルが喜んで利用しているようであった。

わがオールド・カップルも大変満足の体であった。早速ビジネスの状況を聞いてみたが、なかなか儲かっているようで拡張を計画しているという。

とにかく、大切なことは、なんでもよい。ほかと差別化できるような新しいものをもつ、ということだ。その基本は工夫である。もう一度いう。「人生はその人の工夫の程度」によって決まる。

では「工夫」の方法論ありや、ということになる。

先人たちに学ぶ工夫思考の方法論

☆〝考える葦〟といったパスカル

工夫思考の方法論については、昔から多くの人が語っている。この方法について思索をめぐらせていくと、最後には「人間自身とは何か?」ということになっていく。なるほど猿も犬も考えるだろう。

しかし、まぁ猿知恵という言葉のある通り、あまり大した工夫はしていない。

「工夫し、考える」ということは人間の特質、特権なのだ。腕力においてライオンに劣り、走力においてチーターに劣る人間が、世界を支配するようになったのは、ほかの動物にはない「知力」を駆使して工夫してきたからにほかならない。

この点をパスカル（一六二三―一六六二）は〝人間は考える葦だ〟といった。「ハハァ、葦ねぇ?」なんて不得要領の顔をしてはいけない。彼がいわんとしたところは、「人間は弱い存在だが、考えるという特質をもっている」ということだ。

☆宇宙の本質は「正反合」と喝破したヘーゲル

ドイツの哲学者ヘーゲル（一七七〇―一八三一）はいかにもドイツ人らしい思考を積み重ねた結果、人間の思考、行動、大きくは全宇宙の発展は、「正」、「反」、「合」の運動として捉えられるとした。

簡単にいえば、「正」とは「現在の状態」であり、「反」とは「現在の状態のなかに生じた矛盾」である。この矛盾が極限に達すると、「正」と「反」は止揚《しよう》して、新しき創造的状態が生ずるというのである。

止揚なんていうと「そんな言葉が日本語にあったかいなぁ」と頭をひねる向きもあろうかと思われるので、ちょっと説明しておく。これはドイツ語の「aufheben（アウフヘーベン）」の訳である。日本の哲学者は難しい言葉をひねり出して有り難そうに見せようとする悪い癖がある。

アウフヘーベンというのは、簡単にいえば「統一する」ということだ。

ヘーゲルは「このような「正反合」の運動が宇宙の本来の姿だ」と喝破したのである。

☆「唯物論的弁証法」を唱えたマルクスとエンゲルス

ヘーゲルの哲学はきわめて精神性の高いもので、その弁証法的論理のなかに彼は「宇宙の絶対的意思たる神」を見ようとしたのであった。

このようなヘーゲル的論理を換骨奪胎《かんこつだったい》したのが、カール・マルクス（一八一八—一八八三）とフリードリッヒ・エンゲルス（一八二〇—一八九〇）である。

彼らはヘーゲルの弁証法的論理に準拠しつつ、その抽象性、精神性を排して唯物論的弁証法をつくりあげた。この哲学はニコライ・レーニン（一八七〇—一九二四）によってロシア革命の指導原理となったことは周知の通りである。

これらのことからも、思考とそのよってくる結果がいかに人類の行動と歴史に大きな影響を与えるかがわかるであろう。

☆「イノベーション」が創造的社会を生むと説いたシュンペーター

だいぶ話がややこしくなってきた。宇宙の意思、なんて大命題はこのくらいにして、もう少しわかりやすい思考はないものか、ということになると、なんといってもジョセフ・アロイス・シュンペーター（一八八三―一九五〇）ということになろう。ヘーゲル、マルクス、シュンペーターと並べていくと、まさに一つの系譜となる。

ヘーゲルの死んだ一八三一年にマルクスは十三歳になっていたし、マルクスの死んだ年にシュンペーターは生まれた。したがって、マルクスはヘーゲルを、シュンペーターはヘーゲル、マルクスを学び大いなる影響を受けたことは間違いないところであろう。

そうして、その思考の流れはヘーゲルのきわめて抽象性の高い思索から、現実の思索へと降りてきたに違いない。いかなる天才といえども、その思考の過程が現実と無縁ということはあり得ないことだからだ。

シュンペーターの生まれた一八八三年というのは文字通り世紀末の動乱の時代であった。とくにウィーンは政治、文化の中心であったが、栄華の時代を過ぎ斜陽の真っ只中にあった。政治は陰謀に明け暮れ、ついに「会議は踊る」といわれる状態が現出する。そして、ヒトラー（一八八九―一九四五）の台頭へとつながっていく。

一方、科学の分野でも、一つの転機を迎えていた。確固不動の真理と思われていたニュートン力学の根底を揺るがすような事実が次々と見つかり、新しい科学観の確立の必要が叫ばれるようになっていた。やがてこれらの動きは相対性理論、量子力学へと展開していく。

このような政治文化の大激動の時期に生まれた多感な少年が、いろいろな思考と行動に走るのは当然であった。そうして、その結果として社会を改革変化させる基本となるものは何か、という疑問にとりつかれたのである。

当時、多くの若い情熱に溢れた人たちは、社会の混迷を見ながら、それぞれの人生をそれぞれの思想にかけたのであった。

ある人は、マルキシズムに、ある人は社会主義に、ある人は黒き旗のもとに集まって自らの人生をかけたのであった。結果は歴史の語る通りである。多くの人々は冷酷な歴史の論理のなかで悲惨な生涯を送ることになる。

しからば、その明暗を分けたものは何であったか。この問いの答えは、これら幸運を勝ち得た人たちは「より多く思考する人」であったということであろう。あるいは「より多く努力する人」であった。両方あればもっとよい。

より多く工夫し、努力するための指針としてシュンペーターは「イノベーション」なる言葉を考え出したのである。

シュンペーターは、社会をどのように見ていたのであろうか。彼は社会を「循環的社会」と「創造的社会」に分ける。循環的社会というのは、いまある社会の仕組みがそのまま機能しているような社会である。

一九八〇年代の日本はまさにそれであった。もっと長い例では約三百年続いた徳川幕府の体制をあげることもできよう。

創造的社会というのは、いままでの社会のしきたりがそのままでは働かなくなってきて、新しいしきたりが動き出した社会である。

読者諸君にとって、このような考え方は、ヘーゲルやマルクスの弁証法的思考とよく似ていることに気づくであろう。循環的社会というのは弁証法でいう「正」の状態を表し、創造的社会というのはそれが否定され、アウフヘーベン（止揚）されて、「合」なる新しい状態へと至ることである。

☆生物の個は全体とつながってはじめて活力が出る

こうみてくると、人間というのはあまり変わらないものである。思考の結果はお互いに影響し合い、切磋琢磨しあっているのであって、本当に一人で立っている人間なんていうのは、一つの抽象的な思考的産物に過ぎないことがわかる。

作家のデフォーは、無人島に一人で生きるロビンソン・クルーソーの物語を書いた。これは「集団に属さない人間」というものがいかなるものか、ということを示した点で、近代小説の始まりといわれる。ちなみに、この小説は一七一九年に書かれたが、この頃から「個」と「全体」の問題は意識され出したのであろう。

いずれにしろ、生物は集団的産物である。犬をノイローゼにするのは簡単で、一室に閉じ込めて、仲間はずれにすればよい。これは犬にとって最大の仕置きである。

このように生物の個は、全体とつながって始めて活力が出るのである。

植物といえども例外ではない。それらは集団をつくって生息する。一本だけの花、なんていうのはやがて消滅する運命を辿るに違いない。

☆常に問題意識をもとう

こんなことをBCN紙に連載中、年来の悪友から電話がかかってきた。

「おい、最近交通事故に遭わなかったか」

「別に。そんなものには遭っとらんぞ！」

「それじゃ、何か、頭を打ったことはないか」

「頭だったらこの間、鴨居に打ちつけたな」

「それだ」と旧友は喚《わめ》いた。「それに違いない」、一息ついて断定的に彼はいった。

「何がそうなんだ」と私は反論した。

悪友はガラガラ声を張り上げて断固としていった。

「それだ。どうもここのところ、お前の書く物が難しくなってきた。ヘーゲルとマルクスとか恐ろしい名前が次々出てきて、やたらに哲学的だ。何かあったに違いないと思って電話してみたんだ」

「ははぁ、ヘーゲルやマルクスはそんなに流行らんかね」

「何をいっとるんだ。そんなもの過去の遺物だ。誰も知らんぜ。興味ない」

友人は若者の代弁者を任じているかのごとく断固として叫んだ。

「では、デカルトやショーペンハウェルはどうだ」私は恐る恐るたずねた。

「何をほざいとるか。そんなもの、誰が知るか」

「最近デカンショ節は歌わんのかなぁ」

自信のない声で私はつぶやいた。

「デカンショ節？　あんなもの歴史的な産物だ。誰が歌うかよ。歌うのはニューミュージック」

「ほんとかね」

「ほんとだ。まぁ、デカンショぐらいはまだ歌うのはいるかもしらんが、あれがデカルトとショーペンハウェルのことだなんて思うヤツはいないさ」

「じゃ、若い連中はどんな本を読んでいるんだろう」

「本なんか読まんのと違うか」

「本を読まないでどうして勉強ができるのかね」

「だからさ、勉強はせんのだ」

「勉強をしない? じゃ、学校へは何しに行っとるんだ」
「遊びに行っとるんだろ」
面倒臭そうに友人はいった。「遊びに? 遊びには学校が終わってからいくんだろ」
友人は「ムニャ、ムニャ」といったが、よくわからなかった。

実際、最近は若者といわず老人も含めて、本を読まないようだ。ただ、要は本を読む、読まないにあるのではない。毎日、問題意識をもって、なんらかのものに立ち向かっているのかどうか、にあるのである。

毎日ノンベンダラリと過ごす人と、何か努力をし、工夫している人の違いは、年齢とともに歴然となっていく。通勤の時間だって使いようによっては活きていくのだ。

——と憎まれ口を叩きながら、友人のいうことも一理あるので、読まれないであろうこのコーナーはとりあえず店終いにして、日本のベンチャー起業家の先人たちを訪ねてみることにしよう。

第二章　日本の先人にみるベンチャー起業家たち

芸術も「工夫と発想」が決め手だ

☆東洋のセザンヌと呼ばれた日本画の巨匠「富岡鉄斎」

いま、兵庫県宝塚市に住んでいる。近くに「清荒神《きよしこうじん》」というお社《やしろ》がある。この荒神さんというのは本来、台所（カマド）の神様なのであるが、いつの頃からか、商売の神様として尊敬を受けるようになった。大阪や兵庫で商売をしている人は大いに得としている。

「荒神さんへ行こうか」と関西でいえば、この宝塚の清荒神を指すくらいなものだ。商売の神様だけあって、山頂に至る沿道にはいろいろな名物店が並んでいて、それをのぞきながらお宮詣でをする趣向になっている。

しかし、それ以外にも、ここには世界に誇るものがある。「鉄斎美術館」である。

富岡鉄斎《てっさい》は一八三六年京都に生まれ、一九二四年に九十歳で亡くなった。日本画の巨人である。かつて小林秀雄（評論家、一九〇二―一九八三）が鉄斎に入れあげて、三日三晩、清荒神に泊り込んで、うなされながら見た、というほどのコレクションで、鉄斎を見るには「清荒神へ行かないと駄目だ」といわれるくらいのものである。

皆さんも一度見られるとよい。

☆年を取るほどみずみずしく

鉄斎というのは不思議な人で、歳をとるほどに絵がよくなったといわれる。最高傑作は死の直前、八十九歳のころのものということになっていて、「八十九歳翁」なるサインがある。

評論家のなかにはご丁寧なのがいて、いろいろ調べた結果、鉄斎は晩年、だいぶサバを読んで八十歳過ぎくらいから八十九歳と称していたようだなんて研究もあるけど、八十歳でも八十九歳でも高齢であることに変わりはない。

鉄斎の凄いところは、年とともに色彩が若返って、美しく、みずみずしくなっていくのである。こうして彼は東洋のセザンヌといわれるようになったが、あの何でも文句をつけたい小林秀雄ですら全面脱帽したのであった。

鉄斎のどこが凄かったのか。


鉄斎が育ったのは、幕末動乱の時期である。お師匠さんは太田垣蓮月（一七九一——一八七五）といわれるから、詩歌、国学、漢学といろいろなものを学んだのであろう。

ついでに申しておくと、太田垣連月は京都生まれの女性。夫に死に別れて尼となり、東山の一角に居を構えて歌をつくり、陶器を焼いた、という異色の芸術家である。

鉄斎もまた、蓮月からいろいろなことを学んだに違いない。彼はよく、「私は絵描きではない。私の絵は私の表現に過ぎない」、などといったと伝えられる。その点もまた、蓮月によく似ている。鉄斎の場合は、陶器ではなく表現の手段が絵であった、というわけだ。

最初、鉄斎は大和絵（日本の風物を描いた絵）からスタートし、南画（南宋時代の中国画の手法）へと移っていき、ついには独特の境地に至るのである。

鉄斎というのは、大変いろいろなことに興味をもった。よくいえば好奇心の強い、悪くいえばやじ馬的性格の持ち主であった。このやじ馬根性が、彼をいつまでも若々しく大きくしていったに違いない。そうして、「儂《わし》の絵は年を取るほどよくなった」などと人を喰ったことをいうようになったのであろう。

鉄斎の絵のなかにはいろいろな人物が現れる。鉄斎によれば、それぞれの絵にはそれぞれの意味があり、それが鉄斎の全学識を物語っているのだそうだ。山道に座って暢気《のんき》な顔をして酒を飲んでいるオッサンにも人生の意味を込めている、なんていわれると容易に近づけないような気もするが、鉄斎の絵は絵としても楽しいもので、見るだけで価値はある。

シュンペーター流にいえば、「鉄斎の絵は、かれのすべてが総合凝集したものであって、そこにおいてかつてない新しい境地、すなわち創造的破壊を起こしたのだ」といえるのであろう。

☆コピーされてこそ本物

鉄斎が有名になるにつれて、ニセ物もまた数多くつくられるようになった。

現在では、鉄斎と称するもののうち、十に九つはニセ物だといわれているくらいである。小林秀雄もニセ物をつかまされたということだから、油断もスキもない世界である。

鉄斎は、絵を商売とはしなかった。乞われるままに機嫌よく描いてやったようで、小品まで入れるといくら描いたかわからないといわれている。これが問題をややこしくしている。

この間も、東寺かどこかのガラクタ市で本物が転がっていたという話があって、自称目利きの格好の対象となっていた。聞くところによると、歴然たる鉄斎のニセ物マーケットが確立していて、ニセ物のなかで値段を競り合うそうである。エピゴーネン（亜流）の世界もなかなかに忙しいのだ。

先日、私の所に一幅の鉄斎の絵が持ち込まれた。持ち込んだ方も、このあたりの呼吸はよく心得ている。「本物だ」なんて決していわない。「本物だ」なんていったとたん、「ははぁ」と思われるからである。

「出所は確かで、私はソレだと思うのですが」という。出所は確か、というのはどこかの家から出て来た、というだけで何事も保証はできないということだし、ソレというのはソレで「本物ではないかと思念する」ということだ。

この絵、最初は本物に見えた。だいたい、見るほうも掘り出してやろうという邪心があるからどうも心眼がくもる。

そこで、トイレに行った。トイレというのは心機一転にはよいところで、出すべき物を出すと、開放感と一緒に邪念も解放される。

再見、たちまち厭になった。ひどいもので、厭になると描かれているホテイさんまで顔つきが気にいらね。相手は私の顔色を見て「やっぱり、いけませんか」といった。「やっぱり」、はないだろうと私は思った。

☆ベンチャー起業家のあり方を象徴

なぜ、長々と鉄斎の話を続けてきたかというと、いわば、鉄斎の仕事は今からのベンチャー起業家たちのあり方を象徴しているからである。それは、鉄斎は鉄斎であって、鉄斎以外の何ものでもないということだ。

だからこそ、人々は競って鉄斎を真似るのである。一つの模範なのだ。

中国では古くから素晴らしいものをコピーすることから勉強を始めるという習慣がある。

私も楊州の八怪の一人といわれる八大山人（一六二五―？）のコピーを一つもっているが、コピー自身としても古いもので、当然のことながらコピーなんてどこにも書いてない。サインから印までそれらしく押してある。大変よく描けていて、大好きな絵だ。

それでなぜコピーかというと、理由は簡単で、大変安く手に入ったからだ。八大山人の絵がそんなに安いはずはない、ということだけからニセ物と断じているわけで、これも大した理由ではないのだが。

鉄斎の場合と同じで、コピーマーケットが出来上がっているわけだ。そのつもりで鑑賞すれば、それはそれで面白い。

このように、本物には必ずといってよいほど二番煎じ、三番煎じが出るわけで、立派な茶は、何度も飲めるようなものだ。

このような立場から、現在の日本の画壇をみると、無闇に高い値段がついているが、コピー市場のありそうなものは皆無といっていい。

いかにこのマーケットが一部の人々によって曲げられているかわかるだろう。はっきりいえば、世界に通用するものになっていない、ということだ。これはまさに、現在の日本を象徴している。

こう考えてくると、やっぱり、本物は本物。コピーされるような本物にならんといかんだろう。

☆ゴッホやゴーギャンに大きな影響を与えた「葛飾北斎」

絵なんて、いくら上手に描けても、それはそれだけのものだ。写真以上に上手に描きようもないわけで、そこに描き手のベンチャー起業家的要素が入らないと高い評価は得られない。

ビジネスだけではない。芸術もまた「工夫と発想」の世界なのである。

鉄斎に先立つこと七十年、葛飾北斎《ほくさい》（一七六〇―一八四九）もまた世界をうならせた天才であった。

彼の版画は、フランスの天才画家ゴッホ（一八五三―一八九〇）や、ゴーギャン（一八四八―一九〇三）に大変な影響を与えた。

いま執筆している私の頭の上に、北斎の絵が掛かっている。一人の少年が木に登って富士を眺めているものだ。少年と富士山の間を流れている川の波頭が水しぶきをあげているさまが、実にいきいきと描かれている。

世の中にこんな川なんてありようはないのだが、これこそ川だ、とその実存をつかまえたところがある。それがゴッホやゴーギャンを感動させたのである。

そこにはかつて描かれたことのない山や川や木があって、山というのは、あるいは木というのはそんなものであったのか、と人を納得させるものがある。かつて、何人も描いたことのない山河や人物がそこにはいたのである。

これこそ、起業家の基本であり、シュンペーターのいう「創造的破壊」なのだ。そして、それが絵画の世界に、あるいは芸術の世界、大きくは人類のなかに新しい進歩を生んだのである。

こうみてくると、芸術だってビジネスだって同じことで、ベンチャー起業家たちだけが最初の栄冠を受けることになる。

ここでふと気がついたのだが、北斎も鉄斎も「斎」でつながっていて、よく似た名前である。二人が何らかの接点をもった、という証拠はないが、天才というのは、時として同じような想いに駆られるのかもしれない。

「未踏の地」を克服する覚悟

☆自己主張した宮本武蔵

数日、熊本にいた。熊本といえば、熊本城、加藤清正とくるが、熊本というのはそれだけではない。

歴史的になかなか文化の香りの高い土地柄なのである。清正の後を継いだ細川家は初代藤孝をはじめとして、武士と公卿の中間的な存在で、いわば文武両道という気風がこの地に定着した。

その代表的な人物の一人が宮本武蔵である。武蔵は美作（いまの兵庫県）の生まれといわれるから熊本とは何の関係もないのだが、この熊本の地の「文武の香り」を良しとしてこの地を終の棲家とする。

昔から、剣術で誰が一番強かったか、というのは関心の高いテーマとなっている。塚原卜伝、上泉秀綱、柳生兵庫之助などなど、剣豪小説の種には事欠かないが、文武両道ということになれば、武蔵が群を抜いているように思われる。

それは「五輪之書」を読んでみればよくわかる。五輪というのは密教の言葉で宇宙をつくりあげている「気」のことである。いかにも武蔵らしいネーミングだ。この本はやはり、日本文学史の一ページを飾るにふさわしいものであろう。熊本市の丘の上に武蔵が篭《こも》ったといわれる洞窟があって、ここで五輪之書は書かれたという。

大体、書き出しからして凄まじい。「自分はこの歳になるまで、幾度となく生死の戦いをしたが、一度も負けたことがない」というのである。

なかなか、のっけからこんなふうに書くのは、いささか日本人の心情には合わないところがある。

この点が「武蔵は宣伝屋で、剣術の腕は大したことはなかった」、などと批判を受けるようになるのだか、これは批判するほうがいじけている。

「俺の力はどうだ」、と語るのは西欧社会では当たり前のことで、あの社会では自己主張のない人間は奴隷並みになってしまう。

武蔵は、この点でもきわめて異質の日本人であった。

いやしくも、起業を目指す人間は武蔵のごとく図々しくないといけない。

シリコンバレーの連中をみると、まぁなんと自己主張の塊であることか。彼らほど自分中心で身勝手な連中もまた珍しい。裏を返せば、そのくらいでないと起業家にはなれない、ということである。

「お先にどうぞ」なんていっていたら、一人取り残されてしまう。「浅学非才でございまして」なんていっていたら、「そんなヤツは引っ込んでいろ」とどつかれるのが落ちだ。

ここでは「日本的謙譲の美徳なんて犬にでも食われろ」と思われている。いやいやもっとひどいかもしれぬ。「あんな、心にもないことを言って。まことにいやらしい偽善者だ」と思われかねないのである。

ただ、この不作法ぶりは、あの自由の国アメリカでもいささか問題であるらしく、「あれは米国ではない」と断ずる人たちもいる。とくにそれは東海岸において多い。ルート一二八のベンチャーキャピタリストのなかには「俺はいやだな。あんな連中と付き合うのは！」と断言する者もいる。

この点、シリコンバレーとルート一二八はかなり気風が違う。だが、違うといっても、まぁ基本は一緒だ。自らを売り出してこそベンチャーなんだから。

こう考えてくると、武蔵もまた、自らの道を行く起業家であった。卓越した才をもちながら、強いタテ社会のなかで、知る人とてなく、自らの才をもて余したのであろう。その異端の身をかろうじておくことができたのが、この熊本の地であったというわけだ。

このたび、武蔵自らの手になる自画像を見る機会を得た。そこには鋒鋩《ほうぼう》たる老人が一人、二刀をひっさげて凝然《ぎょうぜん》と立っている。

自らの一生をにらみ、応えられることのなかった社会を凝視し、しかも淡々たる風情があって、最後の武蔵の境地を語っているかのようであった。

☆高野山（空海）は日本の起業家の道場

高野山に登ってきた。よく知られているように、この地は九世紀（八一六年）、空海（弘法大師）によって建てられた真言密教の根本道場である。

高野山といえば、まず思い浮かぶのはその山の深さである。いまでこそ南海電車によって麓まで直行、そこから山頂まで一気にケーブルで登ることができるが、昔はそれはまぁ大変だったろうと思われる。

この千メートル近い深山を空海がどういう理由で道場としたのかはよくわからない。しかし、考えてみれば「道」を求めるというのはそんなものであろう。

なまじっかな覚悟で求められるものではない。「千里を遠しとせず、山峡何するものぞ」と思わなければ、「道」なんて簡単に求められるものではないということを空海は語りたかったのではないか。

これに比べて現在はなんとまぁ、簡単に手軽に「道」が求められるようになったことか。隣の八百屋さんに大根を買いに行くような気楽さで「道」を求めたんじゃ、「道」のほうも大変だ。やはり、手取り足取りでは「道」は求めることはできないと心得るべきだ。その基本は「本人の熱意」である。

深山未踏を越えて道を求める心である。そのような意味を込めて、空海は高野の地に道場を開いたのであろう。考えてみれば、「高野山」という名もなかなかの意味合いをもっている。

起業家も同じことだ。「自らが未踏の地」を克服する覚悟がなかったらはじめからやらないほうがいい。その覚悟をもった人だけが求めるものを得られるといってよい。

こう考えてくると、空海はまさに日本を代表する起業家といってよいであろう。

高野山は「日本の起業家の道場」であった。

高野山に来て感心するのは、その「懐の広さ」である。

宗旨は確かに真言宗なのであるが、どんな人でも受け入れる。千里を遠しとせず、この山のなかに逃げ込んだ人たちを「よっしゃ、ＯＫ！」とすべて引き受けてきた。

昔から、頭を丸めて高野山に逃げ込めば、なんとかなったのである。あの比叡山焼き討ちをやった信長でも、佐久間親子が高野山に逃げ込んだのを許しているのだ。

あんな山奥に入ることは二度と実世界には帰りません、という意思表示であったし、事実その通りであるということであった。

☆明智光秀の隣に石田三成のお墓

こういったことで、この高野山にはありとあらゆる人物の墓が宗派を越えて並んでいる。

例えば、「千姫」の墓なんてのもある。武将についていえば、明智光秀、石田三成の墓が並んである。

死すれば共に一緒というところでは、熊谷真実の墓と、平敦盛の墓が並んでいる。討った者も討たれた者も、死んでみれば同じなのだ。なかには「高麗陣、敵味方碑」というのもある。

これについては、高野山の寛さを象徴的に示しているといってよいであろう。

宗教というのはそんなものだ。すべてを越えて許すところがないといけないだろう。

心の狭い宗教の争いが近来目立つが、この高野山の大らかさを少し見習ってはどうであろう。

このケタ外れの広さは、空海が室戸の一角から眼下に広がる太平洋を思念したときに生まれたといわれるが、もともと日本は海に面し、世界とつながっていたわけで、世界中の人々が辿り着く終着駅であった。したがって、空海的気宇壮大さはもっていたものと思われる。

それが三百年にも及ぶ鎖国の故であろうか、小さく固まろうとする気運が最近は強い。

ここは乾坤一擲《けんこんいってき》、本来の日本人に帰ってはどうだろう。世界を相手にしない起業家なんて想像もできないもんね。

弱点をテコに成長する

☆「よさこい祭り」のエネルギー

夏といえば、祭りである。祭りといえば「よさこい」と心得ていて、今年も見に行った。

ちなみに「よさこい」というのは、「夜さ来い」ということだそうで、なかなかロマンティックな響きがある。

「夜さ来い」というだけあって、昼頃から夜半まで高知は「よさこい祭り」一色となる。

祭りは、高知の人たちだけで行われるわけではない。全国津々浦々からやってきて踊られるわけで、百に余るグループが参加するほどになっている。史上空前の賑わいを年々更新しているのである。

景気はどん底であるのに、祭りは最高というのは一体どういうことなのだと考えざるを得ない。同行した外人の一人が、「これで景気が悪いなんて、とてもとても」とうなっていたし、他の一人は、「日本人のエネルギーって大したもんだ」と舌を巻いていた。

あの腹にこたえる「よさこい」音頭を目の前にすれば、この感想は当然であろう。「なぁに、多少ヤケのヤン八になってるんじゃないか」と謙遜しておいたが、私自身も大いに驚いた。

これは、要するに「日本人は目標さえ与えられれば一致協力、世界中が驚くようなエネルギーを出す国民」なのだ。いま、国民が求めているのは「新しい目標」なのであろう。

かつて、この目標は明確であった。「日本を西欧諸国に並ぶ近代国家としよう」ということであった。この明治建国以来の目標が達成された現在、いまだに次の目標がはっきりしないいま、ウロウロしているのがいまの日本であろう。「ゴジャゴジャいったってわかりませんわなぁ」——どんと一言でよいのだ。

二十一世紀の日本はどうなるのか、どうしようとするのか、澎湃《ほうはい》たる議論を巻き起こしたらよいのだ。それは政府の役人の考えることでもない。各個人が考えることなのである。まさにそのプロセスが大切なのだ。

☆いまこそ必要な坂本竜馬

よさこい祭りの合間に、高知・桂浜へと友人たちを案内した。

桂浜というのは、太平洋に面した美しい白浜で、月の名所である。昔は、五色の美しい小石が採れたそうだが、いまは少なくなったという。五色ヶ浜なんて名前もあるそうで、大変ロマンティックな場所だ。

その浜の丘に坂本龍馬の像が立っている。像は太平洋を遥かに望んで立っていて勇壮なものだ。


いま、龍馬が生きていたらなんというだろう。「とうとう日本もここまで来たか」とまずいうに違いない。なぜなら、この非業の死を遂げた若者の夢は、「なんとか日本を西欧列強に伍した近代国家にしたい」ということであったのだから。彼の立案した有名な「船中八策」は、周知のように明治建国のもとになった構想だ。

次に、龍馬はいうに違いない。「何をおたおたしとるんじゃい。次への更なる飛躍を考えんかい」と。

桂浜の風に吹かれながら、つたない英語で汗をかきながら、友人に龍馬の歴史を説明したところ、賢明なる友はただちに断定した。「じゃ、いま日本に必要なのは坂本龍馬のような人間なのだ」。いわれて、またまた大汗をかいた。

さよう、その通りなのだ。体制に唯々諾々たる秀才には事欠かないが、一人の龍馬も出ないというのが現在の日本である。そういえば龍馬も秀才ではなかった。あのとき、徳川幕府のなかに秀才は山のようにいたが、うろうろするだけであった。

龍馬のお師匠にあたる勝海舟は、「時代の変わり目とは恐ろしいものだ。いままでの秀才がことごとく阿呆になった」といった意味のことを語っている。

考えれば、まさにいまがそのときなのであろう。幕末の大騒ぎも十年続いた。そろそろいまの沈滞もあく抜けしていいところに来ていると思うのだが、どうも、龍馬も海舟も見当たらないような気がする。若き勇者の出現を望む。

ご存知、坂本龍馬。司馬遼太郎の小説以来、国民的人気者である。日本歴史上の人気投票をしたら、あるいは十傑のなかに入るかもしれない。そんな人気者である彼だが、幼いときは「泣き虫だった」という。

龍馬といえば幕末、千葉周作の道場で代稽古をつけたといわれる剣豪であったが、それが「泣き虫であった」とは？　しかし、人間というのはそんなものであろう。

恐らく、龍馬はそんな自分の弱いところを直そうと剣を学んだのであろう。いわば、自分の弱いところをテコとして成長する人間であったのだ。

どうも人生の勝負は、このあたりでつくのではないかと思われる。多くの人は、自分の弱点を自らのエクスキューズ（弁解の言葉）として使うところがあるが、成功した人間を見ると、自分の欠点を軸として大成していった。

松下幸之助は大変体が弱かった。だから、何から何まで自分でやるわけにはいかない。そこで仕事をまかすためにはどうしたらよいかと工夫を重ねた結果、「事業部制」という経営学の歴史に残るような方法を考え出し、大企業への道を開いたのである。これなんかも自分の弱点をテコとして成功した例であろう。

「体が弱いから」、「金がないから」などなど、人生は「エクスキューズ」に満ちている。これをどう乗り越えるかというところから自分の人生が始まると考えるべきなのであろう。

龍馬は、まさにこの点において工夫の達人であった。自分の人生を工夫し、藩の行く末を工夫し、国の行く末を工夫したのであった。

彼は、学があったわけではない。人の意見を聞き、それをもとに考えていったのである。ただ、彼の思考が島国日本を越えたとき、悲劇が待っていた。

その点では、真のベンチャー起業家の最後は悲劇に終わるのかもしれない。しかし、考えてみたまえ、どうせ人間は死ぬのだ。十年、二十年長くダラダラ生きるのがよいのか、思案のしどころではある。

不易流行

☆いまに通じる山中貞雄の「丹下左膳」

山中貞雄監督の映画・丹下左膳「こけ猿の壺」を見た。この映画は、いまから約七十年程前につくられたもので、もちろん白黒ものである。

大昔、いまから五十年くらい前に一度見たことがあって、そのとき非常な感動と興奮を覚えたものであった。当時、たまたま入った暖房とてない小便臭い京極の映画館で偶然出会ったものので、観衆はまばらで、寒さに足踏みをしながら見たものである。

爾来《じらい》、時々思い出してはもう一度見たいものだ、と思っていたのが念願叶った、というわけだ。

話の節は単純だ。「こけ猿の壺」と呼ばれている壺がある。そのなかに百万両の隠し場所が描かれている、という言い伝えがあり、人々がその壺をめぐって争うというものだ。話の筋なんてどうでもよい。

出てくる人物と、人物と人物とのやり取りがまことに面白い。まず、主人公の丹下左膳であるが、これが片目片腕の剣士である。片目片腕なんてまことにユニークな設定であるが、これがまた滅法強いときている。この強い男が弓場（いまのゲームセンターみたいなところ）の居候をしていて、そこの女性オーナーに頭が上がらない。喧嘩をしながら仲のよいこの夫婦を中心にして物語は進んでいく。

こう書いてくると、なんだかどこにでもある風景だが、天才山中監督の手にかかると、おかしくも悲しい不思議な世界へと変わっていく。これはハリウッドの金で圧倒するような喜劇ではないが、確固たる存在感がある。こんな映画を見ると、世界を制覇しているハリウッド的でない分野がまだまだある、と痛感する。

ＩＴでも同じことだろう。そろそろ、われわれも山中貞雄の爪の垢でも飲んでみたらどうだろう。山中貞雄は二十八歳の若さで戦争に散った。しかし、丹下左膳というユニークな映画のなかに、いまなお、生き続けている。

☆リピーターの支持集めた「千と千尋の神隠し」

昔から、不景気になると映画館が流行るといわれている。この数年間も、そのジンクス通りになった。

その代表例が、記録的な売上をあげた「千と千尋の神隠し」である。大変な行列で、「俺は二回目だ」、「いや、私は三回目よ」なんて、並んでいる若者たちがいっているのを聞くと、どこかの哲学者がいった「映像は一回限り、音楽は永遠」というテーゼもいささか怪しくなる。

このテーゼの意味するところは、「映画は何度も見たいとは思わないけれども、音楽は何度聞いても飽きない」ということだが、これが必ずしも正しくないことが証明されつつある。

このような何度も同じ映画を見る人たちを「リピーター」と呼ぶそうだが、こうなると、「リピートさせる魅力は何か」ということが問題になる。

実際に、何なんだろう、リピーターになる原因は。これがはっきりわかれば、ベストセラーになることは間違いないわけで、これはあらゆる商品に通じるテーマだ。

いくつか考えてみると、まず、夢がないといけないだろう。

このギスギスした世のなかからいささかの逃避を求めて映画館に行くのであるから、そこでまた、これでもか、というような悲惨なドラマを見せつけられると、ゲンナリするわけで、悲劇が流行らないのは当然といえば当然だ。昔から悲劇やリアリズム映画が名画にはノミネートされながら、ベストセラーにならないのはこんなところに理由があるのだろう。

では、一言に「夢、ロマン」といったって、これまた世の移り変わりによって変わっていくわけで、どんなロマンをいまの若者たちは求めているのか、ということが問題となる。「千と千尋」はそうなっていたのか。

☆「良い」と思わせる魔術

経済学者のケインズは株も大変得意で、よく儲けたといわれる。たまたま、株で儲ける秘訣をきかれて、「いい株に投資するのではなく、人々がいい株と思う株に投資することだ」と答えたといわれるが、この言葉は一般のビジネスにおいても大変有用なものであろう。「良い商品は売れる」ことは事実だが、「すべての良い商品」が売れるわけではない。顧客が良い、と思った商品が売れるのである。

これを一歩進めると、「顧客に良いと思わせた商品」が売れる、ということになる。たかが（？）ビニールのカバンが数十万円で売れるのも、お客がそのブランドの商品が「良い」と思っている故で、ここに一種の魔術が存在する。どんな素晴らしい商品でも人々が良いと思わなければ売れないわけで、「品物さえよければ良い」と単純に言い切れないところに商売の難しさがある。

これは、あらゆる世界に当てはまるもので、映画の世界でいえば、黒澤明や宮崎駿の名がつけば、人々はそのロマンの正当性を信じて疑わないことになっているのであろう。いわば、これら商品は、何か夢を求めてくる人々に「夢とはこんなものですよ」と納得をさせる力をもっているといってよい。

これを「カリスマ性」と呼ぶとすれば、それは人々の心の最も深いところにあるものを開放する力であるといってよいかもしれない。

ただ、そこには「そのようなものは厭だ」という人たちもでてくるわけで、あのようにリピーターを動員し、空前の売上をあげた「千と千尋」についても意外と低い評価しか与えていない人たちがいる。

そして、それは結構、強い自意識をもったインテリに多いようだ。その一人である私の友人に、「なぜ、そう否定的なのだ?」と聞くと、答えは明快だった。「気持が悪い!」。

なるほど、夢と気味悪さは紙一重であるに違いない。

☆時代と共に変わる好み

人にはそれぞれ異なった顔があるように、その好みもまた一様ではない。そのなかにあって、ベストセラーとなるには、かなりな人の好みに合う、ということが必要である。

ただ、大変難しいのは、この種の好みは時代とともに変わる、ということだ。

例えば、美男美女の変遷を見てもこのことは明白であろう。人それぞれに好みがある、といってもやはり美男美女の標準はある。しかし、この標準も時代とともに大いに変わっていくものなのだ。

かつて、古代から江戸時代の頃まで、美女といえば、顔のふっくらした下膨れ型であった。眼は柳のように細く長くないといけなかった。ギョロ目なんてのはもっての外、下品の象徴とされたものだ。

現在ではどうか。目が大きいのは大歓迎。かつてはスタイルは小股の切れ上がった、背はあまり高くないのがよいとされたものだ。色は白をもって最高とした。〝色の白さは百難を隠す〟といわれ、美女の典型とされたものだ。それがどうだ。現在は「顔黒」あり、「顔茶」あり、ありとあらゆるタイプがある。

男の方も同じだ。かつての色男はノッペリ型でナヨナヨしているのがよかった。ヒゲ跡が濃く、くまどりの強い男は美男どころか、悪役の代表であった。

〝論より証拠〟、歌舞伎を見ればわかる。お軽、勘平の成り行きの勘平がいかつい隆々たる男であったら、とても奇妙だし、悪の熊坂長範がナヨナヨ男であったらどうにも恰好つかないだろう。

こんな具合に、それぞれの時代にはそれぞれの基範がある。ベストセラーを生むにはその基範の何たるかをまず知らないといけない。

しかし、それだけでは駄目なのだ。それを昇華し、さらにその過程で「何か」をつけ加えたものが、一つの流行になっていくのである。それはシュンペーターのいう「ドルヒゼッシング（断固としてやり抜く熱意）」から生まれる。

☆流転のなかで「不変」を見つけるのが芸術

昔、米国で見た映画で、宇宙から地球にやってきた生物が、地球の美男美女を見て、「なんとまぁ、醜い連中なのだ」とお互いささやき合うところがあった。ところがまぁ、その連中の姿ときたら、クラゲのようなスタイルで、顔はタコそっくりであった。ここまでいくと、基本的な価値観が全く違うということになる。

しかし、なんとなく一緒に地球に住んでいる連中、もっと厳密にいえば、一緒に居住している社会（例えば日本）では、それなりの共通した価値観があることは間違いない。

このあたりの事情を、松尾芭蕉は「不易流行《ふえきりゅうこう》」といった。

「不易」とは永遠に変わらないという意味だ。「流行」とはその時代、時代ではやるけれども、時とともにすたれていくものを意味する。

あらゆるものは流転するが、「そのなかで不変なものがある」というのである。

彼にいわせれば、「流転する現世のなかで不変のものを見つけるのが芸術だ」、というのである。

第三章　近代文明の源「蒸気機関」の実用化に賭けた男たち

乱世のなかで自らを見つけたエンジニア

☆紳士と認められなかったエンジニア・フーヴァー

いまは乱世だというのが私の認識だ。次に、かつて乱世に生まれ、そのなかで自らを見つけた人たちについて、しばらく語ってみることにしよう。

「なんだって？　天才の話はいやだって？　なーに、天才なんか出ては来ないさ」。そこらにいるオッサンの話だ。オッサンたちの名前を「エンジニア」という。

ゼネラル・モータース中興の祖といわれるアルフレッド・P・スローンは、「二十世紀をつくったのはエンジニアである……」といった。たしかに私たちのまわりを見まわしても、テレビ、自動車をはじめとしてありとあらゆる生活用品がエンジニアによってつくり出されている。

しかし、ことエンジニアの評価となると、最近まであまりかんばしいものではなかった。

米国の三十一代大統領フーヴァー（一八七四―一九六四）は若い頃、鉱山技師であった。あるとき、大西洋を船旅中、教養豊かなイギリスの貴婦人と一緒になった。

最後の朝食の席で夫人はフーバーに職業を尋ねた。

「エンジニアです」との答えに、婦人は大変なショックを受け、あたかも無法者でも見たように後ずさりしながら叫んだそうである。

「エンジニアですって！　私はあなたを紳士だとばかり思っていましたのに」

この小話が物語るように、二十世紀初頭、いや、この間まで（いやいや、現在でもそうかもしれないが）エンジニアは紳士のなかには入れてもらえなかったのである。

しかし、スローンが語るように、現代文明はエンジニアたちによってつくられたのだ。

彼らは決して学者ではなかった。評論家でもなかった。インテリですらなかったかもしれない。しかし、現実と闘い、変えていったのだ。

☆人類の進歩に貢献

エンジニアの起源を尋ねれば、人類の始まりに辿りつくことになる。

約五百万年前の大旱魃《かんばつ》によってアフリカの森林は激減し、そのとき弱小の猿が森を追われた。いままで豊富な食物のあった安全な森から、猛獣が走りまわっている草原に降り立った猿は途方に暮れたであろう。うかうかしていると、全員猛獣の餌食とされかねない。

結果として、彼らはツール（道具）を発明していく。

ツールは、非力な猿の防衛の手段ともなり、攻撃の力ともなった。エンジニアの始まりである。

何もスローンのいうように、二十世紀だけがエンジニアの時代であったわけではない。考えてみれば、人類の歴史はエンジニアとともにあった、といってよい。

もちろん、わが家の愛犬三太も大いに工夫はする。「暑いなあ、エアコンでもつけるか」というと、素早く移動して最も涼しいところに座り込む、という才覚はある。しかし、それだけである。とてもエアコンのよって来る原因に思いをめぐらせている気配はない。エンジニアとしては失格である。

こう考えると、人類と他の動物を区別してきたのはエンジニアであるといえるだろう。あの壮大なピラミッドが如何にしてつくりあげられたのか？　現在に至るも謎であって、多くの仮説が立てられている。

はっきりしているのは、あの時代にも名をこそとどめていないけれども、すばらしいエンジニアがいた、ということである。

確かに、人類を進歩させ、偉大と感ぜしめるのは、遙かなる未知の古代からエンジニアのやってきた遺跡、成果によってである。

しかし、人類がその歴史を画して、近代といわれる文明の時代に入ったのは、ジェイムス・ワット（一七三六―一八一九）による蒸気機関の発明による。したがって、ここでは「ワットの物語」から始めることにしよう。

偉大なる改良者「ワットの物語」

☆炭坑の水を汲み上げたい

ワットについてはいろいろな伝説がある。小さいとき、サモワールから昇る蒸気を見て、「これは何かに使える」と思った、などというのがその例である。

もっとも、これはニュートンがリンゴの落ちるのを見て「引力の法則」を発見したという挿話と同じく、どうも後からつくられた話のようである。

もう一つ述べておくと、ワットは「蒸気機関を発明した人」ということになっているが、これも誤りである。

蒸気機関の原型は、ワット以前にもあったのであって、特にトーマス・ニューコメン（一六六三〜一七二九）のものは有名で、実際に使われてもいた。

しかし、それらは、大変効率の悪いもので、とても本格的な実用には耐えられない代物であった。これらの未完のものを実用の機関へと改良したのがワットであった。この意味ではワットは偉大なる改良者であった、といえるであろう。

偉大な発明というのは、「現実の必要性」から生じる、というのは古今の鉄則である。「ナノ」とか「バイオ」とかいう抽象的なキャッチフレーズから生まれるものではない。

二十世紀の象徴たるエレクトロニクス時代の基礎をつくったトランジスタの発明も、真空管は壊れやすく、信頼性に乏しいという現実の差し迫った軍事的要求に端を発している。

蒸気機関の発明もまた、強い現実的要求からであった。

十七世紀の終わり、英国では多くの鉱山（石炭）が開発されたが、掘った穴に溜まる水に大変悩まされていた。

水を汲み上げるには馬が使われていたが、馬は生き物であるから、その時々の条件に応じて能率も違う。それに何より気まぐれであり、その飼育にも大変なコストがかかった。

そこで注目されたのが蒸気の力であった。一リットルの水は沸騰すると約千七百リットルの蒸気となる。この膨張する力をなんとか利用できないものか、と人々は考え始めたのである。

☆「蒸気の力の活用」に様々な人がチャレンジ

膨張する蒸気の力をどう利用するか。いろいろな工夫がなされた。膨張する圧力で水を押し上げることもできるだろう。しかし、これにはかなりの細工がいる。それより膨張した蒸気が冷えると、凝縮し密閉した容器のなかでは真空状態が生じるから、この力を利用して水を汲み上げたらどうか。

こういった工夫は、人々の想像力を刺激したのであった。ワット以前にも、蒸気の力を利用して水を汲み上げる装置はいろいろと工夫されていた。

トーマス・セバリーは、卵型のタンクをもったボイラーを加熱し、蒸気が充満したところで、タンクに冷水をぶっかけ、蒸気が凝縮する力で水を吸い上げる装置を考え、これを「鉱夫の友」と名付けて、大々的に宣伝した。

しかし、この装置は大変気むずかしい友人であったようで、人々はその機嫌をとるのにくたびれ果てたのであった。

セバリーからドニ・パパンなど、多くの発明者が出たが、どれも実用にはならなかったのである。

初めて実用に耐える装置をつくりあげたのは、すでに述べたトーマス・ニューコメンで、一七一二年のことである。まだワットは生まれていない。

ニューコメンの機械は大変重宝され、一七六九年頃までには百台以上が使われるようになった。ニューコメンの機械は、たしかに一部実用されて馬に代わる力を発揮したが、その欠点は大量の石炭を消費するということであった。

石炭を掘るために大量な石炭を使ったのでは、何をしているのやらわからないことになる。

要するに、ニューコメンの機械は大変非効率的であったのだ。

このニューコメンの機械を改良することによって、ジェイムス・ワットは人類の歴史を変え産業革命の父と呼ばれるようになるのである。

しかし、そのようなチャンスもまた、運命の女神の気まぐれから始まったことを忘れてはならない。

☆ニューコメンの機械を改良したワットのアイデア

ジェイムス・ワットは実直な職人であった。彼が蒸気機関の画期的改良を成し遂げ、有名になった後で、グラスゴー大学のある教授たちが彼の発明をほめたたえる会を開いたとき、彼はボソボソと挨拶し「私が成功したのは先生方のようにスマートでも賢くもなかったからです」といった。

多少の皮肉は、この言葉のなかに含められているかもしれないが、この言葉は彼の気持そのものを代弁している、といってよいであろう。

実際に、彼はいろんな器具の改良に大変熱心であったが、商売は一生、大嫌いであった。金の勘定を始めるとすぐ頭が痛くなるほどであった。そんな彼であったから、華やかなビジネスなんてやろうにもできない。

彼が選んだのは、グラスゴー大学で使われる機器の保全の仕事であった。格好よくいえば、

「科学器具の製造販売」ということになろうが、その実は教授先生の実験器具づくりのお手伝いであり、先生方が壊した器具の修繕担当であった。

一七六三年のある日、そんなワットのところに、ニューコメンの模型を修理する仕事が持ち込まれた。根が職人で、商売よりこんなものをいじるのが大好きであったワットは、機械を修理しながら、「なんでニューコメンの機械はこんなにも能率が悪いんだろう」と思案をめぐらすわけである。

一度、一つのことにとりつかれると、ワットは寝ても覚めてもそのことを考える癖があった。伝えられるところによると、ある日曜日の朝、ブツブツいいながらグラスゴーのゴルフ場を散歩していたワットの頭に、天啓的に一つのアイデアがひらめいた。

それは、ニューコメンの機関では同じシリンダを暖めたり冷やしたりするから効率が悪いのだ、という簡単なことであった。ワットは、蒸気を別の凝結器に導く構造にすれば、シリンダはいつも熱く、凝結器はいつも冷たくしておくことができると考えたのである。

☆破産寸前のワットに救いの手

皆さんはいうかもしれない。「へぇー、そんな簡単なことなの。自分はワットが蒸気機関の一から十までつくったのだとばかり思っていた」と。左様、物事はかくも簡単なことなのだ。めんどくさい数学や物理はどこにも見当たらない。

大体、われわれ日本人はむずかしく考え過ぎるようだ。数式や公理がひっついていないと有難味が薄れるようで、これは日本の後進性を現している。この悪い癖から脱却しないと、新しい日本の時代はなかなか来ないだろう。要は簡単なことなのだ。

発想は得たものの、ワットにはそれを実験する金がなかった。普通の人間であれば、「金もないしなぁ。まあ仕様がないか」で終わるところである。ワットの凄さはそうならなかったことだ。貧乏のドン底のなかで、彼はいまでいう「アルバイト」をしながら実験を続けたのであった。こうしてワットは破産寸前にまで追いこまれていく。

世の中というのはよくしたもので、ここまでくれば〝拾う神あり〟で、バーミンガムの金持・マシュー・ボールトンが救いの手をさしのべてくれることになった。こうしてワットの発想はようやく日の目を見ることになる。

ワットが初めてワット機関を売り出した年に、アメリカ合衆国が誕生した（一七七六年）。まさに、これは象徴的な出来事で、新生アメリカ合衆国はワット・エンジンによって立国していくのである。

いうまでもなく、世界最大の米自動車産業は、その延長上にある。ワット機関によって世界は結ばれ、生産性は飛躍的に増大し、人類はまったく新しい時代を迎えることになった。機関（エンジン）はあらゆる産業の中心に座ることになった。

このようにワットは世界のビジネスを根本的に変える偉業を成し遂げたにも関わらず、ワット自身はビジネスが大嫌いであった。エンジニアの神髄はここにあるといってよいであろう。

異端の群れが社会を変えた

☆「～だけ」を見つける

天は二物を与えず、という言葉がある。簡単にいえば、「人間そうそう何もかもはできませんよ」ということだ。ワットも大エンジニアではあったが、大学教授ではなく、商売人でもなかった。彼はただ、自分の好きな機械いじりに熱中しただけである。

ここに、「だけ」と書いたが、この「だけ」が大切なのであって、これを見つけるのが人生である、といってよい。何だってよいのだ。「～だけ」に熱中している人の姿は美しいし、幸福に見える。まわりはいざ知らず、本人は大満足である。

結果として、それが名誉や富をもたらせばそれで良いし、そうでなくても、本人が楽しければそれでよいではないか。理屈はそうであるが、「どうもねぇ」という気分がわれわれ日本人の心のどこかにある。かくいう私にもある。

これはどういうことか、とつらつら考えてみるに、このことこそ、明治立国以来百余年、われわれ日本のなかに巣喰った最大の宿題であるように思われる。

そこには、国や組織によってつくられた牢固たる一つのパターンがあって、それから外れることは異端とされてきた。

この画一的な思考教育が日本の過去の成功をつくったことはまぎれもない事実だが、一方でこの均一性こそがいまの日本に苦境をもたらしている原因なのである。

そこでは異端を極度に嫌う。それは保守派にとどまらない。革新を標榜する人々もまた同じである。自らの革新からの異端を許さない。

エンジニアというのは異端の群れなのだ。異端であるからこそ、既成のものを変え、人類を変えてきたのである。

こう考えてくると、現在の日本の沈滞を打破できるのはエンジニアである、といってよいであろう。カール・マルクスの言葉にならえば、「全日本のエンジニアよ、決起せよ」ということになろうか。

☆新しい火を点じるために工夫

「エンジニア、エンジニアというな、俺は工学部出ではない」という人がいるかもしれない。だけど間違わないでいただきたい。いままで見てきたように、エンジニアの代表であるワットは工学部なんて出ていない。職人さんだよ。好きなことを一生懸命にやった町のオッサンだ。大学じゃ工学部じゃというのは一つのモデルなのであって、そこを卒業したからといってエンジニアになれるわけではない。それはファッション・スクールを卒業したからといって、デザイナーになれるとは限らないのと一緒だ。

要は「自分で工夫し、新しいものを見つける」、または「新しいものをつくる」ことのできる人がエンジニアと呼ばれる資格があることになるわけである。後で出てくるであろうマルコーニもエジソンも、学歴といっては何もない人たちだが、人類に新しい火を点じたという点で、エンジニアの代表にあげられているのだ。

いま一度いうが、「エンジニア」とは「エンジンを動かす人」だ。「エンジンを動かすため」には、まずそれに火を点じないといけないだろう。

かく考えれば、何でもよい。「新しい工夫」を通じて「人間の活動」のなかに「新しい火を点じた人」こそ、エンジニアの名にふさわしいのだ。その大小は問わない。

大学を卒業して、少しばかり数学ができる、というのはエンジニアではない。人の滓《かす》をなめるようなことをいくらやったってエンジニアとはいわないのである。何か、ささやかでも新しい工夫で新しい一歩を築いた人をエンジニアというのである。学歴とはまったく関係ない。

こう考えてくると、何とまあ日本にはエンジニアにあらざるエンジニアが多くいることよ。大企業でも、このような輩がウロウロしだすと危ない。いままではよかった。キャッチ・アップの過程では余計なことは考えないほうがよかったからだ。いまは違う。全く違う。

☆理想的熱機関を考察した「カルノー」

すでに何度も触れたように、ワットは職人であった。学問や知識があったわけではない。彼の試みは、すべて彼の直感と経験に裏打ちされたものであった。したがって、ワットの試みのなかには、後になって全く学問的には意味のないものも含まれていた。

例えば、ワットは、蒸気に使う物質をエーテルなどいろいろ取り替えて実験をしたが、このことは、〝骨折り損のくたびれ儲け〟であることが後に学問的に証明される。

蒸気機関の効率、機能について学問的に天才的な仕事をしたのが、サウジ・カルノー（一七九六―一八三二）である。彼は、まことにユニークな孤独の天才であった。彼は理想的な熱機関なるものを思考し、それがいかなる効率をもちうるか、ということを考えたのである。これは実在する機関ではなく、純粋に空想の産物である。

このような空想上の実験を「デンケン・イクスペリメント」と呼ぶ。「デンケン」とはドイツ語で「思考する」という意味である。思考実験とでも訳すべきか。カルノーは、思考実験によって一つの論文を書きあげ、「火の動力に関する機械についての考察」という名前をつけて発表した。

ここでは、全くロスのない理想的熱機関が考察される。後に、これはカルノー機関（またはカルノー・サイクル）と呼ばれて、熱力学の基本をつくることになる。

しかし、そうなるにはさらなる日時を必要とした。実に一八二四年にカルノーが論文を発表し、それが認められるまで約二十年の歳月を必要としたのであった。

その間、この孤独な天才は誰にも認められることなく、コレラによって三十五歳の短い人生を終わっていたのである。天才というのは悲しいものだ。いや、天才だけではなく、何か新しいことをやろうとする人間は、多かれ少なかれ、俗世間の無理解に遭遇するものである。

☆蒸気機関自動車を試作した「キュニョ」

ワットとカルノーの場合は、ワットが先行した。ワットは一七三六年生まれであり、カルノーは一七九六年生まれである。カルノーが生まれたとき、ワットはすでに六十歳であり、その仕事のほとんどは出来上がっていたといってよい。カルノーは、まさに人々が熱狂して蒸気機関を応用している時代に育ったのである。

一七六五年にワットがワット機関を着想した四年後の一七六九年には、フランス人のキュニョ（Cugnot、一七二五―一八〇四）が世界最初の蒸気機関自動車を試作した。

これが時速四キロメートルでパリの街をチョコマカ走り回って、人々を驚かせたのであった。もっとも、この自動車も大変手間のかかるもので、約十五分毎にボイラーに水を注ぎ足さなければならなかった。とても実用に耐えられるものではなかった。

このように、技術が実用化されるためには、多くの物好きな人間がいていろいろなものを工夫し、つくりあげるものなのである。何度もいうが、エンジニアという言葉はここから生まれた。「エンジンに火を点じ動かす人間」という意味であって、この意味でも蒸気機関の発明は人類を変えていく一つのヒントを与えたのであった。

ここで二つの質問が出るであろう。一つは、「なぜ、彼らはそんなことをしたのか」ということだ。これに対する答えは、「面白かったからだ」としかいいようがない。

人に先駆けてそんなことをして面白いのか。左様、面白いのだ。この点、エンジニアたる人は、多少オッチョコチョイなところがある。

二つ目の質問は、「金はどこから調達したのか」という質問である。エンジニアにはその活動を支える人たちがそのバックにいた、ということだ。キュニョの場合はザクセン侯であった。

だれか「谷町筋」がいたのだ。谷町筋がいないときは家庭であった。いずれにしろ、誰かが彼らを経済的・精神的に支えたのだ。

☆種本を教えろ?

さて、いままでながながと人類の歴史を変えた「ジェームス・ワット物語」を続けてきたが、皆さん、どのような感想をお持ちであろうか。自分の書いた文章に対して感想を強要するのはあまり感心したことではないが、ここは大切な点であるので、あえて厚顔を旨とすることにする。

まず、「なーんだい、そんなことか」と思われたに違いない。現に私のところにメールを寄せていただいた人がいて、これはよほど疑り深い人のようで、「なかなか面白かったと思いますが、本当の話ですか?　こんなお話はあまり聞いたことがないので、ぜひ類書を教えてくれ」ということであった。

いわば「種本を教えろ」というわけである。

種本というのをいちいち教えていたのでは、この種の商売はあがったりになってしまうけど、信用のほうも大切である。「ミズノの奴、勝手に創作してホラを吹いているのではないか」と思われるのも心外なので、ちょっとだけ、こっそり漏らすとすると、種本の一つはライフ社出版の「人間と科学シリーズ」である。

これは、有名な物理学者ヘンリー・マーゲナウその他が編集協力した大変良心的な本（シリーズ）で、科学技術を大変面白く説明している。

この種の本が最近少なくなったのは残念なことだ。私の記述が面白おかしく「ワット像」をつくり上げたのではない、という証拠として、この本を挙げておく。

いずれにしろ、ワットは普通の人間で、あなた方と全く違わない。「俺だって、私だって、人間の生き方を変えられるのかなぁ」。「その通りだ」。

ワットがちょっとばかり皆さん方と違っていたとしたら、それは「仕事に対する熱心さ」だ。いいかえれば、「自分が本当に好きな仕事にめぐり会えた」ということだ。毎日イヤイヤ仕事をやっていたのではない。その点、ワットは誠に幸運の人であった。

蒸気機関車の実用化に大きな役割を果した「リチャード・トレビシック」

☆最初は蒸気自動車に挑戦

「ワットの蒸気機関」の成功が有名になるにつれて、人々はその改良と応用に熱中するようになった。なかでもリチャード・トレビシック（一七七一—一八三三）は傑出していた。トレビシックの父は炭鉱に勤めており、ワットの最初の装置を炭鉱に備えつける仕事をした一人といわれるから、トレビシックは身近にワットの蒸気機関を見、ワット自身の人柄も見ながら育ったに違いない。

トレビシックは短気でせっかちで、時として腕力にものをいわせる、という男であったが、発想と実行力は卓越していた。「へっ、あのワットのおいぼれ爺いにできることなら、この俺にできないはずはない」というのが彼の出発点であった。

このあたり、謙譲とつつましやかを美徳とし、権威にはきわめて弱い日本人と発想がいささか異なっている。

一八〇一年、トレビシックは最初の実用的蒸気自動車をつくった。彼は大いにその成果を宣伝して歩き、その年のクリスマスの週に試運転をするといって多くの見物人を集めた。

十二月二十八日、トレビシックの車は友人を乗せて、しずしずと動き出した。人々はそれを見て歓声をあげた。少しばかりオッチョコチョイのトレビシックはすっかり調子にのって、平地だけで走らせればいいものを、丘のほうに車を運転していった。

車はようやく丘の上まであがったところで動かなくなった。「しようがねえなあ」とトレビシックは舌うちをし、友人たちと一緒に近くのホテルに行き、酒を飲んでいるうちに車のことはすっかり忘れてしまった。

ほったらかされた車から水は蒸発してしまい、鉄は焼け、エンジンも車輌も全部燃えただれてしまった。見物人はヤレヤレとため息をつき散っていった。なかに数人、ホテルに走り、酔っぱらったトレビシックにそのことを伝えた。彼は叫んだ。「自動車？　それは何だ？」

☆ついに実用に耐える蒸気機関車を開発

一度や二度の失敗にたじろぐようなトレビシックではなかった。「この役立たずめ」。赤く焼けただれた一号試作品を足蹴りにすると、トレビシックは早速、試作二号にとりかかった。

ここでトレビシックは蒸気機関が自らの力で丸焼けにならないようにいろいろな工夫をこらした。「今度こそ大丈夫だ」。トレビシックは意気高らかに宣伝した。「皆、見物に来い。この世紀の見ものを見のがす奴はアホウだ」。

こうしてテストはロンドンの街のなかで行われた。トレビシックの車は時速十三キロで爆進したのであった。そして丸コゲになることなく見事に実験は成功したのである。

残念なことにトレビシックには金がなかった。彼はスポンサーを求めて歩いた。求めて歩いたけれど、彼のカンシャクと腕力は有名だったので、金持ちたちは逃げ隠れするのが常であった。ロンドンでは悪名（？）がとどろいていたので、彼はウェールズまで赴いた。

そして、そこの鉄工場の主であるサミュエル・ハンフリーに会った。ハンフリーはなかなかの商売人で、ただ単に金を出すのではなく、自分の鋳物工場と、それを船積みする運河の間を荷物を運んで走れたら賞金を出そうといった。カケの好きなトレビシックは「乗った」とわめき、恐ろしい勢いで試作を始めた。トレビシックは得意満面でその結果を報告している。

「一八〇四年二月二一日、われわれは蒸気エンジンで動く車で、鉄九トン、人間七十人を車輌五両に乗せてつつがなく工場から運河まで走った。この車には、私と賭けた紳士も乗っていたが、賭けに負けたことに大変御満足のようであった」。

もちろん、トレビシックのほうは紳士以上に大満足であった。こうして人間の歴史のなかに初めて実用に耐える蒸気機関車が出現したのである。

☆トレビシックの本職はレスラー

さて、人類最初の機関車をつくりあげたリチャード・トレビシックの本職は「レスラー」であった。彼がすぐ取っ組み合いをするのはまあ当然のことであったかもしれない。

馬車による運搬から機械による運送へと生産性は急激に拡大し、地球は急に狭くなっていった。人類が一つになりだしたのである。それがまあ、レスラーのオッサンの仕事に始まるとは！

しかし、驚いたりおかしがったりする前に、よく考えてみたいものだ。このような人類の偉大なる進歩は、ワットといい、トレビシックといい、普通のオッサンの仕事であったということを。

ここでは普通のオッサン、といったが、ある意味では普通以下であったかもしれない。ワットは多少偏屈であったし、トレビシックは腕力を使うのが大好きであった。どちらもまかり間違えば、社会のアウトロー（脱落者）になる恐れすらあった。

このような連中が産業革命を起こしえた理由というのはたった一つ、「熱意」による。情熱にもとづいた「行動」による。

学校の成績が良い悪いなんて大したことではない。何も悪いことをすすめるわけではないが、とかく勉強するうちに批判ばかりする頭デッカチに育つと、情熱というものが失われていくような気がする。情熱の失われた社会は沈滞する。情熱こそは未知に対する挑戦する力なのであるから。

トレビシックの奮闘は続いた。四年後、彼はロンドンの博覧会で機関車を走らせたのだ。物見高いロンドンっ子は長い行列をつくって、先を争ってトレビシックの客車に乗ったし、子供たちはトレビシックの車と競争をして旗を振ったのであった。こうしてトレビシックは蒸気機関車の原型を完成させたのである。

残念なことにトレビシックは余りにせっかちで夢を追いすぎた、というべきであろう。歴史の教えるところでは、最初の改革者は悲運のうちに亡くなり、次の時代の人間が成功と栄誉を手にする。トレビシックの場合も例外ではなかった。機関車が出来上がると、彼はこんどは別の夢を追い出したのである。

こうして彼は、次々と見果てぬ夢を追い、二十五年の後に彼が死んだときは、棺桶を買う金もないほどの貧乏のドン底にあった。トレビシックは、一生夢と格闘したのである。あっぱれな人生というべきであろう。

商業的に蒸気機関車を完成させた「G・スティーブンソン」

☆石炭の選別工としてスタート

このようなトレビシックの力闘の後を受けて、文字通り商業的に蒸気機関車を完成させたのが、G・スティーブンソン（一七八一―一八四八）である。

恐らく皆さんは歴史の教科書のなかで簡単に「蒸気機関車はスティーブンソンが発明した」と習ったであろうが、それに至るまでにはトレビシックだけではない。まだまだ多くの人々がそれぞれに大小の貢献をしたのである。

スティーブンソンもまた、鉱夫の子として生まれた。彼は生まれつき機械いじりが好きであった。少年時代から働かされ、最初は石炭の仕分け、ついで馬の担当になった。こうして彼の好奇心はワット・エンジンへと向いていった。彼はワット・エンジンの修理係となり、蒸気機関車への興味を深めていった。

人間の営みというのはまことに不思議なもので、このように次々と用意されていた、としか思えない環境のなかに生まれるものだ。

スティーブンソンは小さいときから機械に異様な関心を示した。理由はよくわからない。当時、炭鉱はすでに巨大産業であったが、労力は人と馬に頼っていた。しかし、生き者は労働力としては適切なものではない。したがって、炭鉱では大小いろいろな仕掛けが用いられていた。その最たるものがワット・エンジンであった。

しかし、当時の機械というのは一つ一つが手づくりで、よく故障した。石炭の選別工としてスタートしたスティーブンソンであったが、彼の驚くべき器用さはすぐに人々の認めるところとなり、機械の修理工へと抜擢された。彼は、しょっちゅう機嫌が悪くなる蒸気機関を修理しながら、その改良を志していくわけである。この点、彼の立場はすでに述べたワットのそれとよく似ている。

ここにはニューコメン→ワット→スティーブンソンといった一つの改良の歴史を見ることができるであろう。

特に彼の興味を引いたのは、トレビシックの成功であった。移り気なトレビシックが自分の発明をほったらかして何処かへ行ってしまった後を受けて、スティーブンソンは蒸気機関車の改良を続け、一八一三年七月には「ブルーチャ号」という名の歴史に残る蒸気機関車をつくりあげたのであった。

これは、重さが五トンもあり、合計三十トンにもなる鉱石を積んでキリングワースの炭鉱のなかを走りまわったのである。三十トンといえば、一トン車にして三十台。とても人馬の力の及ぶところではない。

当時は、重い荷物を運ぶのに運河が利用されていたが、スティーブンソンはそのような社会の仕組み（文化）に挑戦したのである。彼はいっている。

「私は、私のエンジンを使った鉄道のほうが運河よりはるかに効率がよいと信じている」。

そうして歴史は確実にその方向へと動き出したのであった。絶対君主による運河の開拓より資本家による鉄道の建設へと。

☆**「おーい、中村君！」**

かつて一世を風靡《ふうび》した（一寸大げさかな？）流行歌に「おーい、中村君！」というのがあった。なかなか語呂のよい歌で、高度成長期にふさわしい調子のよい歌であった。

いままで縷々《るる》蒸気機関（産業革命）の歴史について述べてきたが、筆者の意図したことは外でもない。「おーい、中村君！」なのである。

これを「おーい、ワット君」と置きかえても「おーい、トレビシック君」と置きかえても同じである。いま、日本に必要なのはワットであり、トレビシックであり、スティーブンソンなのである。何度もいうが、彼等は街に住む普通のオッサンであった。日本にだってそこらじゅうにいるに違いない。

あなたが、君が、まさにその候補者なのだ。現在の日本に活を入れ、元気づけることができるのは、政治家でも官僚でも、大学教授でも評論家でもない。街に住む一介のあなた方なのである。孔子流にいえば〝君子玉を抱いて罪あり〟だ。あなた方一人一人は「玉」を抱いている。気がつかないだけだ。罪なことである。ひとたびその玉に火がつけば、誰だってワットになれるのである。

ワットが大先生方に放った「私はあなた方ほど賢くも、スマートでもありません」という言葉には、燦然《さんぜん》たる輝きがある。賢くないからこそ、スマートでないからこそ仕事ができたのである。テレビなどで見かける軽薄な言葉に躍らされてはならない。あれはどこからか仕入れた言葉をはくエピゴーネンの群れなのである。あんな連中はいつの時代にもいたのだ。

ワットやトレビシックは、そのような人たちを無視して走った。そのエネルギーは自らの「玉」に火を点ずることによって行われたのある。「玉が見当たらない」って？　そんなことはない。皆、もっている。見えないだけだ。いや、煩悩にまどわされて見失っているだけである。

「おーい中村君！」

☆敵は支配階級や評論家

スティーブンソンは、トレビシックに比較すると大変な紳士であった。しかし、スティーブンソンといえども、順風満帆というわけにはいかなかった。世の中はそう簡単には変わらないものだ。「新しいもの」はなかなか受け入れてはもらえない。

それはそうであろう。何か新しいことをやろうとすれば、多かれ少なかれ、いまあるものと戦わなくてはならない。いまあるもの、というのは、現在の社会をつくりあげている既成の勢力である。彼等はそれで社会を牛耳り、飯を食っているのであるから、その秩序を乱そうというものに対しては当然迫害を加える。この構図は現在の社会でも一緒である。

スティーブンソンには敵が多かった。ちょっと数えあげても馬主、運河をつくる人、運河を利用する人、などなど、当時の支配階級の多くは反対派であった。特に困った連中というのは、一部の評論家と呼ばれたインテリであった。

当時の有力な雑誌「クォータリー・レビュー」はしたり顔に、「駅馬車より二倍も早く走る機関車と称する代物ほど馬鹿馬鹿しいものはない。恐ろしいスピードの機械に身をまかせるというのがよい、というのであれば、やがてわれわれは自分自身を大砲で打ち出されるようなことになるであろう」と評論したのである。

何時の世にもわかったような顔をして愚にもつかぬことを得々と語る連中というのはいるも

のである。もっとも、この評論家はなかなかうまいこともいっている。「自分自身を大砲で打ち出す」なんて、全く荒唐無稽《こうとうむけい》と信じられていたことが、現在では行われているのだから。だが、このことは「クォータリー・レビュー」の大評論家の不名誉にこそなれ、名誉にはならないであろう。

エンジニアを志す人は多かれ少なかれ、「なんとばかな」といわれる常識と争わなくてはならないのである。

☆ロコモーション号での実験

かくもうるさい支配階級の反対の声に対して、庶民の声はスティーブンソンに好意的であった。彼等はひたすらに蒸気機関を面白がったのである。この点、歴史を予見するのは、支配する人たちや、評論家の才覚ではなく、大衆の嗅覚であるといってもよい。しかし、庶民の力はいつの時代でも弱いものだ。

スティーブンソンは、偏見に対する挑戦から仕事を始めなくてはならなかった。すでに、ワットやトレビシックの例にあるように、蒸気機関は一部の炭鉱や鉄工所では運転されていた。しかし、これは一部の物好きな愛好家（パートナー）が私的に使っていたに過ぎない。これを一般の支配階級の人に理解してもらう必要がある。そのためのデモンストレーションをスティーブンソンとそのパートナーは始めたのであった。

彼等は、議会に働きかけ、炭鉱の町ダーリントンと、港のあるストックトンの間に公共鉄道を引くことを提案したのであった。一八二五年九月二七日、スティーブンソンによってつくられ「ロコモーション号」と名付けられた蒸気機関車が、汽笛一声、ダーリントンの町を出発した。招待された乗客六百人は不安を勇気でおぎない、そわそわしながら椅子に座ったのだった。そのうちの一人は後に正直に告白している。

「動き出したときは不安で不安で。いよいよとなれば、家内をかかえてデッキから飛び降りるつもりだった」。

だが、飛び降りる機会を逸したまま汽車は順調に走り続け、三時間後、ストックトンに世界最初の公共列車はたどりついたのであった。

ダーリントンとストックトンの間の距離は十九キロメートルあるから、時速六・三キロメートル。まあ、何とものびやかな時代であったとはいえる。現在の市民マラソンのスピードにも及ばない。

何事も物事の始まりは、そのようなものだ。

☆機関車コンクールで圧勝

ダーリントンとストックトン間の試運転の成功は、スティーブンソンとその支持者の力を増すことになった。彼等は大いに声をあげ宣伝した。

「どうだ。鉄道は雨が降ろうが、雪が降ろうが、道が泥沼になろうが、文句もいわず黙々と働く。馬の代わりとなるこのような偉大な発明を認めないような連中は、自分の無知と強情を反省すべきである」。

さらにスティーブンソンたちは反対派に追打ちをかけた。彼等はシンジケートを組んで資金を集め、リバプールとマンチェスター間にも鉄道をつくったのである。

このとき、彼等は大いに工夫をし、従来の保守派を黙らせるために「機関車のコンクール」を行い、優劣を決めると宣伝したのであった。

一八二九年六月、その競技会の日には一万人の人間がコンクールを見るためにやって来た。五台の機関車が名乗りをあげた、といわれる。そのなかには保守派を代表して二頭の馬に踏み車を踏ませて走るという、いまから考えると漫画としかいえないようなものもあった。

結果として優勝はスティーブンソンの「ロケット号」の上に輝いた。実に「ロケット号」は時速四十六キロメートルという、当時としては破格の記録をあげて人々の喝采をあびたのであった。こうしてスティーブンソンは保守派の連中をも黙らせてしまったのである。

一説によると、スティーブンソンの蒸気機関車を用いることによって、リバプールからマンチェスターまで一トンの石炭を運ぶコストは、一キロメートルあたり、馬車時代の八・三セントから一・七セントへと大変な値下がりをしたのであった。実に五分の一となったのである。

産業構造の改革とはこのようなことをいうのである。いまあるものをただ単に足したり割ったりしてできるものではない。ここのところを間違うと、いたずらに混乱だけが起きることになるであろう。このことをシュンペーターは「創造的破壊」といったのだ。

☆物理エネルギーをはじめて活用した機械

スティーブンソンの成功はいまや誰の目から見ても明白であった。それまでも人間はいろいろな工夫をして生きて来た。この非力な動物がきびしい生存競争にたえるためには工夫しかなかったわけで、いろいろ工夫をし、道具（ツール）をつくってきた。その意味では人類の歴史は知恵を働かし工夫をし、ツールをつくってきた歴史であった。

しかし、それらはあくまでも道具であって機械ではなかった。それでは機械と道具はどう違うのか？　ウーム、どう違うのかねぇ。皆さんも考えてみてください。

まあ、むずかしい定義はどこかにあるかもしれないけど、ここでは簡単に、道具というのは個人個人がもっているエネルギー（力）を上手に使いこなすための工夫で、機械というのは、天の理、地の理に従った物理的エネルギーを上手に使うための工夫、とでもいっておこう。

蒸気機関というものの発明によって人類ははじめて、宇宙のもろもろの現象、資源というものが使い方によっては大変便利のよいものだ、ということに気づいたのである。

われわれはカンカンになって火をおこし、蒸気をおこしているけど、よく考えてみれば、宇宙自身も一つの蒸気機関ではないのか?

太陽が照り、大洋の水が蒸発し、風雨が生じる。まさにエネルギーが発生しているのだ。雷なんてのは古来、神秘と恐怖の対象であったが、あれはプラスとマイナスのイオンの放電である。

これらもろもろのものをうまく利用すれば、人間にとって大変な便益が生まれるのではないか? ワットの蒸気機関の成功は、学会を刺激し、熱力学という新しい物理学の分野を急激に成長させる契機となったのだ。

こう考えてくると、蒸気機関車の発明はまさに人類を目ざめさせたのであった。新しい時代がやって来たのである。

鉄道と共に米国の時代へ

☆政府主導で大陸横断鉄道敷設

だいぶ、横道にそれたようだ。もう一度、蒸気機関車の話に戻ることにしよう。スティーブンソンの成功はまさに時宜《じぎ》を得たものであった。

一七八三年、独立に成功し、一八六一年に始まり六五年に終わった南北戦争によって、国の近代化に向けて走り出した米国にとって最大の悩みは、この広大な国土を如何にして統一するか、ということであった。

現在のように通信が発達している時代ではない。ワシントンの中央政府が考えたことは、この広い米国の地に鉄道の網（現在でいうところのネットワーク）をつくり人々の往来を盛んにして、人々の意思疎通（コミュニケーション）をはかろうということであった。

まさに鉄道の時代がやって来たのだ。米国政府はこのような鉄道敷設を奨励するためにいろいろな施策を行ったのである。鉄道は米国の花形産業になったのだ。大陸横断鉄道が企画され、人々はその成功のために熱中した。はっきりいって、それは英国における猫の額のような狭いところを走る話とはまるで違っていた。

気の遠くなるような長い距離を走らなくてはならなかった。その土地のなかには砂漠あり、山あり、谷あり、酷暑あり、厳寒ありと、まことに予断を許さない条件がそろっていたのだ。なかでも先住民のインディアンは自分たちの土地への侵略者たちのツールとしての鉄道に大いなる反感をもっていて、これをしばしば襲撃した。

これらの悪条件を克服するために、鉄道機関車には飛躍的性能の向上が求められたのであった。鉄道は最大のハイテク、かつ成長産業となり、人々の注目するところとなったのである。

後にスタンフォード大学を設立するスタンフォードもその一人であったし、ウェスチングハウス社を設立したウェスチングハウスもまたその一人であった。米国の時代が来ようとしていた。

☆鉄道事故の経験をもとに画期的ブレーキを開発した「ウェスチングハウス」

米国における鉄道の技術革新の最先端に立ったのがウェスチングハウスであった。この人もまた学者ではない。行動の人だった。ジョージ・ウェスチングハウス（一八四六―一九一四）こそ、スティーブンソンの後をうけて鉄道産業を大成した人といわれている。

彼は、小さな農器具をつくる工場を経営している父のもとで、その製造を手伝うことから仕事を始めた。しかし、彼はその仕事に甘んじることができず、当時の先端ハイテク産業である鉄道に興味をもつようになった。

そうして、二十二歳のころにはすでに鉄道関係の機械修理の仕事を始め、少しずつ手を拡げて転轍機（レールを切りかえる機械）の製造まで始めるようになっていた。このようなウェスチングハウスに転機がおとずれたのは、彼が悲惨な鉄道事故を経験したことによる。

なべてこういった人たちは自分の経験からヒントを得ることが多い。

当時の列車は各車輌ごとにブレーキをひく担当がいて、事故に際しては汽笛一声、皆がよいこらしょ、とブレーキをかけることになっていた。当然のことながらこのようなブレーキのかけ方は各車輌ごとにタイム・ラグを生み、全車輌が同時に止まることは難しく、脱線転覆につながることが多かったのである。

悲惨な事故を経験し、ウェスチングハウスは何とかうまいブレーキのかけ方はないものか、と考えた。そんな彼がある雑誌で、アルプスのモンセニ・トンネルの工事に圧縮空気が使われた、という記事に注目するのである。

岩盤の穴開けに圧縮空気が使えるのなら、列車の全車輌にパイプを通し圧縮空気を送れば、全車両を一気に止めることができるのではないか、と彼は考えたのである。

これが画期的な発明「エアーブレーキ」へとつながっていく。ヒントはあらゆるところに転がっているのだ。

☆アルプスのトンネル工事の圧縮空気からヒント

新しい仕事は現実のヒントから始まる。ウェスチングハウスのヒントは、遠くアルプスにあった。アルプスのトンネルの穴開けに空気が使われているとは！　空気は地球上あらゆるところにある。この空気を使って長い車輌を一気に止めることはできないか？　蒸気機関車における画期的発明といわれる「エアーブレーキ」は、こうして生まれたのである。

ウェスチングハウスは、この発明をきっかけに世界的企業ウェスチングハウス社をつくりあげるわけだ。「うまいことやったなあ！」と皆さんは思われるかもしれないが、話はそんなに簡単ではない。ウェスチングハウスのこの発明について、人々は「空気で汽車を止める？　冗談だろう」と相手にしなかったのである。特に鉄道関係者の反発は大変なものであった。

大きな事故が起きるたびに人々はため息をついたのであったが、その嘆きが深いだけに改革には慎重であったのだ。あらゆる改革は、大なり小なり既成のシステムから反撃を受けるものである。

松下幸之助の二又ソケットも石橋正二郎の地下足袋も、最初から簡単に世間に受け入れられたわけではない。発明者の熱意が世の中の認識を変えたのである。それはいまから考えると不思議なほどのものである。


発明、もっと広くいえば、すべての新しいやり方（これをシュンペーターはイノベーションと呼んだことはすでに触れた）は、そのまま受け入れられることはまずない、といってよいであろう。

「思いつく」ことと、これを「断固やる」という二つが行われないと、発明は世に現れないのである。「思いつく人」はあるいはたくさんいるかもしれない。しかし、これを「断固としてやる人」は少ない。

この点、発明の成功には「行動」が必要条件なのである。この「行動者」こそ起業家なのだ。

第四章　シリコンバレー産みの親たちの軌跡

息子の思い出に大学をつくった「リーランド・スタンフォード」

☆学ぶべきシリコンバレーカルチャー

ＩＴバブルの崩壊と共に、「シリコンバレー」の名を耳にすることは少なくなった。伝説となった感もある。しかし、過去百年、シリコンバレーからは主にエレクトロニクスを中心に、新しい産業が興り、世界に多大な影響を与え続けてきた。最近の十数年は、ＩＴで世界をリードし続けた。

なぜシリコンバレーから新しい発想や構想が生まれ続けるのか。和製シリコンバレーの動きは多々あったが、成功したとの話は聞かない。

次世代技術において、日本が世界をリードしたいと思ったら、シリコンバレーから学ぶべき点ははなはだ多い。その意味からも、「シリコンバレーカルチャー」のよって来る理由を解き明かしておくことは絶対に必要である。

☆一攫千金を求めて

すでにご承知の通り、シリコンバレーと総称されているが、そんな名称のバレー（渓谷）が現実に存在するわけではない。スタンフォード大学を中心にしてその周辺に散在するパロ・アルト、ロス・アルトス、マウンテイン・ビュー、サニー・ベイル、カプチィ、サンタ・クララ、サン・ノゼ、ミルピウスといった街の総称なのである。

もっとも、どこまでというはっきりした線があるわけではないから、最近はもっと広がっているようである。要は、この一角に米国中、いや世界中の人間が集まって、ワイワイガヤガヤとわめき、走り回って、新しいビジネスをつくり出していったのである。

そこには、あらゆる人種がいる。西から東から、我と思わん連中が集まって、知恵を競い合っているのだ。珍しく、日本人は少ない。なぜなのか。このあたりは一種の文化的考察がいるだろう。

ところで、なぜシリコンバレーが、そんな世界への情報発信の中心となったのか。それは、最愛の一人息子を失った、組のカップルの物語からスタートする。

リーランド・スタンフォードは、一八二四年三月九日、ニューヨークの近くの小さな村に生まれた。リーランドの両親は、小さな宿屋をやっており、片手間に土木請負業を行っていた。田舎の何でも屋であったといってよいであろう。

一八四八年、メキシコとの戦争に勝って、米国はカリフォルニアを手に入れた。東から西へ西へとピストルを腰に新天地を求めてやってきた冒険野郎と、南から北へ向かって北上してきた冒険野郎が、この地で衝突し、時に殴り合いをしながら、金鉱を見つけたのであった。人々は、東から、南から、金を求めてこの地にさらに集まるようになったのである。

この点、この地はその始まりから、一攫千金を求める冒険野郎たちの地であった。リーランド・スタンフォードもそのような若者の一人だった。しかし、彼はほかの荒くれ者たちとは、少しばかり違っていた。

☆大陸横断鉄道にチャレンジ

リーランドは考えた。一攫千金を夢見てカリフォルニアの地をツルハシ一本で走り回り、インディアンや、それ以上に獰猛《どうもう》なブラック・ベアーと戦いながら見つけた金を、酒と女で一晩に使い切るような生活。こんなことをやっていたら身の破滅である。

ここはもう少し知恵を働かさないといかんだろうと考えた彼は、金を掘るよりも、金を掘る人たちをビジネスの対象にすることにしたのだ。宵越しの金をもたない連中に「雑貨」を売りつける仕事を始めたのであった。

このわずかな才覚の違いがリーランド・スタンフォードを、ほかの夢見る若者たちと異なった者にしたのである。

これは、いずれの国たると、古今東西たるとを問わず、成功した人の基本である。かつて日本では、井原西鶴《さいかく》が、「商人として成功する基本は才覚にある」と語ったのも同じ意味である。

こうして、リーランド・スタンフォードは、小金を貯めつつ、新しいビジネス、しかも一過性ではないビジネスを見つけるべく眼を光らせていた。

チャンスはやって来た。大陸横断鉄道の建設である。スペインやフランスと戦いながら、ニューメキシコやカリフォルニア、北はカナダの国境まで広大な土地を自国のものとした合衆国政府は、この広い国をどうしたら統一した国として治めることができるかと頭を悩ました結果、思いついたのが大陸横断鉄道をつくって、人々を結び、共通したコンセンサスをもとう、ということであった。

当時は通信の手段のない時代だ。いまでいうネットワークを、鉄道でつくり上げようとしたのである。

連邦政府はこのような快挙を成し遂げる人たちに莫大な報酬を与えることを約束した。例えば、付設された鉄道の周囲の土地を無償で得る権利とかいったようなものである。リーランド・スタンフォードは、この有望な仕事に目をつけたのである。夢は夢でも、彼は将来性のある夢に賭けたのであった。

☆苦力（クーリー）の労働力に着眼

大陸横断鉄道をやるといっても、ブルトーザーやトラクターがあるわけではない。ツルハシに頼る以外にない。しかも、途中にはインディアン、ガラガラ蛇、大砂漠などなど、悪い条件はすべて揃っている。

しかし、冒険野郎というのは、こんなときにこそチャレンジすることに生き甲斐を見いだす連中なのだ。西へ東へと、西部劇で有名な大移動が始まった。だが、白人だけでは、とてもこの大工事は進まない。ツルハシを振り回す膨大な労働力が必要である。

そこで中国人である。当時もいまも、世界のなかに占める中国人の人口はず抜けていて、そこは数千年の歴史を誇るお国柄だ。その膨大な人口を世界に輸出する仕組みができあがっていた。いわゆる「苦力（クーリー）」の組織である。

スタンフォードの才覚は、このクーリーに着眼したところにある。無数の中国の労働者が、西のほうから太平洋を渡って、大陸横断鉄道建設のためにかり集められた。

こうして、カリフォルニアの地は、アングロサクソン、ラテン、中国と文字通り人種のゴッタ煮の場になっていくのである。いわば、ここでは世界中のあらゆる人種が居着き、融合する素地がつくられていくのである。

シリコンバレーの文化は一朝にしてできたものではない。ここでの標準語はブロークン・イングリッシュだ。奇妙な発音、奇妙なイントネーションが何の不都合もなく罷り通る世界ができたのである。

このように、多くの文化を許容する伝統は、いまでも生きている。小学校でも第二国語の選択が許されていて、英語ができない人たちのために、スペイン語、イタリア語などさまざまな国の言葉も取り入れられているのである。こんなシステムは、世界のどこを探してもない。これこそが米国の強さなのだ。

考えてみれば、日本の歴史においてもそういう華やかな時代はあった。奈良平安時代である。奈良や京の町は、異国人が満ちており、お互いが切磋琢磨《せっさたくま》、日本文化の源流をつくったのだ。

☆まずカリフォルニア州知事に

すでに述べたように、当時の鉄道建設は高度に政治と結びついている。スタンフォードの才覚は、この分野でも発揮された。彼はまず、一八五〇年に三十一番目の州として認証されたカリフォルニアの州知事になろうとした。そのため、共和党に入り、一八五九年の知事選に立候補するが、落選してしまった。

しかし、このくらいでへこたれる人間ではない。スタンフォードは再び才覚を働かせるのであった。折しも一八六一年、奴隷解放の南北戦争が起きる。カリフォルニアの地でも、北部派と南部派が激しく対立した。この戦いを、ただ単に奴隷を解放するための戦争と受け止めると、いささか皮相的すぎる見方となる。

その基本には、当時、澎湃《ほうはい》とわき起こっていた北部の新興産業資本派と、南部の農業資本派との対立という時代背景が横たわっていたのである。

機を見るに敏なスタンフォードは、リンカーンを支持した。歴史の流れを見て取ったわけだ。南北戦争は、米国の歴史にかってない六十万人の犠牲者を出しながら、北軍の勝利に終わった。リンカーンは全米の英雄となり、リーランド・スタンフォードもまたカリフォルニアの名士となった。

再び知事に挑戦したが、今度は大丈夫である。彼は、見事にカリフォルニア州知事の座を射止めたのである。ところが、二年間で知事を辞めてしまった。彼の目標は、あくまでも大陸横断鉄道の建設にあった。スタンフォードは〝急がば回れ〟を実践したのである。

彼は、知事時代、大陸横断鉄道の有用性を説き、州や政府から多くの援助を引き出していた。スタンフォードは、今度は、これを享受する側に回ったのである。

準備万端整った一八六三年、カリフォルニア・サクラメントで、東に向かう横断鉄道の起工式を行った。まことにすばらしい才覚といえばいえるが、よき時代でもあった。もし、いまこんなことをやれば、利益誘導政治として、世論の袋叩きに遭うことは必至であろう。

☆欧州旅行での悲劇

スタンフォードの得た権益の一つは、路線一マイル（一・六キロメートル）につきその周辺の地二十平方マイル（一平方マイルは約七十七万坪）を無償で与えるというものであった。こうして路線が伸びるにつれて、彼は大地主となっていった。

一八六九年、ついに横断鉄道は完成、スタンフォードは大金持になった。

当時、米国の成金がやることには一つのパターンがあった。それは欧州へ旅行することである。当時の文化の中心は欧州である。欧州人から見れば、米国というのは、欧州で食いっぱぐれた連中が流れ着いた先、いわば「未開地」であった。ちなみに、米国が世界の文化の中心になったのは第二次世界大戦後である。

それまでは、多くの米国人は一流になるために欧州へ留学した。これが逆転した原因の一つには、ナチス・ドイツの迫害を逃れて、多くの学者や文化人が自由の国アメリカを目指したからである。そのなかにはアインシュタインもいたし、原爆製造の指揮を執ったフェルミもいた。コンピュータの基礎を築いたフォン・ノイマンもまたその一人である。米国のもつ自由と許容性が、世界のインテリを引きつけたのである。

いま再び、シリコンバレーにおいてそれが行われてきたことは、すでに述べたとおりである。

スタンフォード夫妻も、最愛の一人息子リーランド・ジュニアを連れて、一八八三年の初夏に欧州旅行に出かけた。もちろん、当時はまだ飛行機はない。船と汽車の旅だ。

スタンフォード一家は、数ヵ月をかけて、ロンドン、パリなど欧州の街を巡っていった。悲劇はこの欧州旅行中に起こった。慣れない長旅と異境の水が体に合わなかったのか、一人息子のリーランド・ジュニアが体調を崩し、ひどい下痢に悩まされ始めたのである。

当時は、医学レベルも欧州のほうが遙かに高かった。スタンフォード夫妻は名医と評判の医者を訪ね歩き、息子を診察してもらったが、その甲斐もなく、若い命はフィレンツェの地で散ってしまうのである。

☆息子の思い出のために大学をつくる

最愛の一人息子を失ったスタンフォード夫妻は悲嘆にくれた。その悲しみのなかから、息子の思い出のために、カリフォルニアの地に大学を建てようと決心するわけである。

一説によると、それは息子の遺言だったともいわれる。苦しい息のもとで、リーランド・ジュニアは、父母の愛に感謝するとともに、恵まれない若者のためにカリフォルニアに学校をつくることを願った、と伝えられる。

こうして、スタンフォード夫妻は、自らの財産を投げ打って大学をつくることを決心する。一八八五年のことである。

しかし、決心したからといって、大学が簡単にできるものではない。一つの背景は、アイビー・リーグと呼ばれる八つの大学がすでに東部において開校しており、それぞれ名声を博していたからである。

当時は、「学問をするなら東部に行け」というのが常識になっていた。なかでも、ハーバード大学はアメリカ最古の歴史を誇り、実績も上げていた。創学は、実に一六三六年で、あの有名なメイフラワー号で宗教的迫害を避けてニューイングランドの地にやってきたピルグリムファザーズの子弟を教育することを目的として設立された、文字通りアメリカの歴史そのものの大学であった。

スタンフォードは、カリフォルニアに大学をつくるにあたり、大先輩であるハーバード大学に教えを請いに行った。だが、スタンフォードの意に反し、ハーバードの返事は冷たいものであった。

「大学なんて、金だけでできるものではありません。しかも、あのカリフォルニアでですか。悪いことはいいません。このハーバードに寄付していただければ、分校くらいはつくって差し上げられると思いますけどが……」。

ハーバードの分校では、息子も納得しないだろう。意を決したスタンフォードは、自らの力で新しい大学をスタートさせた。一八九一年のことである。

そして、その大学に「リーランド・スタンフォード・ジュニアの思い出のために」という名称を付したのであった。この名称が略されるようになったのはごく最近である。

☆創業期にサンフランシスコ大地震

苦難のスタートをしたスタンフォード大学を待ち受けていたのは更なる苦難であった。あの有名なサンフランシスコ大地震の直撃を受けたのである。この地震によって、大学は主な建物のほとんどを失うのである。文字通り、スタンフォード夫妻を待ち受けていたのは起業の宿命、創業期の試練といっていいであろう。

この苦難のなかで、夫人の活躍はすばらしかった。じつはスタンフォードは一八九三年に亡くなっていた。同氏が亡くなってからの仕事は、すべて夫人の肩にかかっていた。夫人はあらゆる手をつくして大学を再建するため走り回った。

ここでもまた、新しき試みが成功するためには奥さんの協力が大切であるという例を見ることができる。

事のついでに申し上げると、起業が成功するキーは奥さんにある、というのはシリコンバレーでは常識中の常識である。昼も夜もなく、土曜も日曜もなく走り回る起業家を理解し、協力してやる器量がなかったら、一緒になんかならないことだ。

「お金が欲しい、いい格好がしたい」と思うなら、その程度の苦労は当たり前、と思わない人間に、金も運もやってくるはずはないということだ。

もっとも、そう思ったって、そう簡単に金は手に入るものではないが。いわんや、天から勝手に金が降ってくることなんか絶対にありえないことだ。

シリコンバレーの父「フレッド・ターマン」

☆キャンパスのなかに自分の畑をつくる

スタンフォード大学は、何とか建物の復旧はなったものの、中身のほうはまだまだである。この後発もよいところの大学は、何とかいい大学になろうと一生懸命であった。しかし、ド田舎（一九〇〇年当時）の大学のことだ。なかなか思うようにいかない。

多くの試みがなされるなかで、いまでは伝説となった一人の男が現れた。フレッド・ターマンである。ターマンは一九〇〇年、ちょうど今世紀の始まりの年にスタンフォードの地に生まれた。

彼は幼少時代にスタンフォード大学のキャンパスを遊び場として育った。小さい時からなかなか抜け目のない子供で、スタンフォードのキャンパスのなかに、モミの苗を植えて、クリスマスツリーとして売ったという。幼にして起業家であったわけだ。

スタンフォードは鉄道王で、彼が大学に寄付した土地は千二百万坪もあるのだから、そのなかに多少の畑をつくったって誰も気がつきもしなかったであろう。このあたりの着眼点も普通の少年にはないものだ。

「自分のものは自分のもの。他人のものも自分のもの」。これはいま話題のマイクロソフトのなかでジョークとして語られているスローガンであるが、ターマンは、すでに幼少にしてこのことを実行していたのだ。まさに「シリコンバレーの父」と呼ばれて当然であろう。

ついでに申し上げると、ターマンやマイクロソフトだけではない。起業の成功者はすべてこの哲学の持ち主である。

だってそうであろう。徒手空拳で事をなそうというわけだ。他人の知恵から、力から、道具から大いに利用しないことには物事はスタートしない。この意味において成功した起業家はすべて、「巧みに他力を自力としたところ」がある。

☆肺病にもギブアップしないタフな精神

ターマンについてはまことに多くのことが語られている。いまでもスタンフォード大学のなかにターマン・オーディトリアム（ターマン講堂）と呼ばれる建物があって、私もこの講堂で講義をしたものである。

講堂にはターマンの大きな肖像がかけられていて、温顔をたたえて後輩たちを見守っている。それはちょうど、「やっとるかね。頑張りたまえ。やってやれないことなんてないさ。できないということは、やらないということだ」と語りかけているようである。

この、いまでは伝説となった男も、また宿命と業の人であった。彼は生まれつき体が弱く、肺病であった。肺病というのは、当時は宿病とでもいうべきものであった。薬はなく、一度これにかかったら死神に見入られたようなもので、ローソクの火が消えるように少しずつ体力が消耗していき、やがて死に至るのである。死に至らないまでも一生無理はできない。この病と同居しなくてはならなかったのだ。

私たちの若い頃にも多くの優秀な若人が、この病で亡くなったものだ。この病の特効薬であるストレプトマイシンが、一九四四年、ワイズマンによって見つけられるまで、肺病は手の打ちようがない難病として恐れられていたのである。

ちなみに、この特効薬ストレプトマイシンは土中から発見され、それ以後の輝かしい抗生物質開発のきっかけをなした薬である。もちろんターマンの若い頃にはこんな特効薬はなかったから、彼は宿病と戦いつつ仕事をしなければならなかった。

肺病は時として喀血《かっけつ》（血を吐くこと）をともなう。この血が喉につまって死ぬことがあったから、瞬時の油断もできなかったのである。これは大変なことだ。多くの人たちはこれだけの業病をもっていれば、それだけで参ってしまうものだ。

ターマンの精神力は並々のものではなかったし、また更なる強さへと、この業病を通じて高まっていったものと思われる。体の弱き人よ。決してギブアップしてはならない！

☆人生不可知

さきにターマンはスタンフォードの地に生まれた、と書いたが、より正確にはスタンフォードの地で生まれ育ったというべきであろう。肺病というのは思春期に入って発病することが多いが、幼い時のターマンは至って活発な子供であった。それだけに、活動を制限される肺病は、彼にとって大変な重荷であったことだろう。

しかし、もし、彼が肺病にならなかったら、彼はスタンフォード大学の先生にならなかっただろうし、シリコンバレーもできなかったであろう。

ここから二つの教訓を得ることができる。一つは「人生不可知」であるということだ。人によって計ることができないものがある以上、人間としてはクヨクヨせず、そのとき、そのときを力一杯生きることが大切である、ということである。

もう一つは、いま病のなかにある人、病をもっている人も希望をもとう、ということだ。ストレプトマイシンのような特効薬が発見されて、その病が地上からなくなる日がやってくる可能性は常にあるのである。

ターマンは、このような宿病をもちながら八十二歳の長寿を保ったのであった。しかし、これは後の話だ。もう一度、われわれは若き頃のターマンに帰るとしよう。

スタンフォード大学を卒業した彼は、東のボストンのＭＩＴ（マサチューセッツ工科大学）に入った。これは当時のカリフォルニアに住む若人の目指す一つの人生であったのである。

当時、文化は東の地にあったのであり、ターマンの言葉を借りれば、「真面目な若いエンジニアはその技術を仕上げるためには、必ず東のほうへ行かなければならなかった」のである。

このことこそ、まさにリーランド・スタンフォードがスタンフォード大学をカリフォルニアの地につくった理由であったわけだが、同時に一九二〇年代において、スタンフォード大学はいまだ取るにたらない大学であった、という証拠になる言葉であった。

☆ベッドで万巻の書を読む

不幸なことにターマンは肺病になった。病を治すには、気候の悪いボストンよりカルフォルニアのほうがよい。彼は、故郷カルフォルニアに帰り、養生した。といっても、実際にはただ、絶対安静にして、体力が病魔を抑えるのを待っているだけであった。することがないままに、彼はベッドで万巻の書を読んだといわれる。彼の博学と連想力は、このときできあがったものと思われる。

ここにもまた、われわれは自らの不運をテコにして立ち上がった男の例を見ることができる。いささか古いが、〝艱難《かんなん》、汝を玉にす〟というのはまことに故のあることである。あんまり苦労を知らないボンボンはなかなか大成しない、というのは昔から真実である。

もっとも山中鹿之助のように、朝夕、神に、「われに七難八苦を与えたまえ」と祈る必要はないだろうが。長い闘病の末、ターマンの思ったことは「自分は体が弱いから、自分では走り回れないので、若い人たちを育てていこう」ということであった。

これは松下幸之助の場合とよく似ている。松下幸之助も体が弱く「自分では走り回れない」と思い、他人に仕事を任せる「事業部制」を発案するのである。

かくして幸之助は「松下電器コンツェルン」をつくり、ターマンは「シリコンバレー」をつくったのであった。

考えてみれば独りでできることなんて知れている。多くの起業家たちは、俺が俺がといっているうちに失敗するのに、この二人は自らの体力の故に、自らを押える術を学んだのである。考えてみれば何が得になるのかわからないものである。

☆無線工学に関心

如何なる神の思し召しか、絶望の淵にあったターマンの病は少しずつよくなっていくのである。無理はできなかったけれども、普通の人の生活は送れるようになっていった。そんなターマンをスタンフォード大学が放っておくわけがなかった。

一九二五年、大学はターマンにアルバイトを頼んだのであった。彼はハーフ・タイムの仕事を始めた。

彼は大変有能な先生であった。とくに、彼は当時流行り出した「無線工学」に興味をもち、この将来性を人々に説いたのであった。また、彼は学生の教科書をつくり上げた。ターマンのこの本は、無線工学のバイブルとして世界中の学生が読むようになった。

一九五二年、学校を出て松下電器産業に勤めた私にとっても、このターマンの教科書はかけがえのないものであった。当時日本の電気系技術者の多くは、ターマンのこの本によって無線工学の手ほどきを受けたといってよいだろう。

彼がこの本に賭けた情熱（言葉を換えていえば、彼がスタンフォードの学生の教育に注いだ情熱）は、いまとなっても大学の語り草になっているのである。

彼は休暇というものを取らなかった。体が弱かった分だけ彼は体を労ったが、ほかの先生のように、長い夏休み休暇などは一切取らなかった。彼はよくいったそうだ。「考え、仕事をするということ、これほどの楽しいことがほかにあろうか」。

ターマンの体は奇跡的に回復し、一九二七年には准教授になった。このようなターマンの栄進とは別に、一九二九年、米国を襲った大不況は、カリフォルニアの地にも大変な不景気をもたらした。

ターマンは述懐している。「あの時代はまったく悲惨としかいいようがなかった。われわれには何にもなかった。仕事もなく、金もなく、実験用メーターが壊れたとき、それを修繕する金すらなかった。研究室の屋根には穴が空き、雨のときなどわれわれはその下にトレイをおいて仕事をしたものだ。いまから考えるとまったく夢のようだ」。

☆ドーバー海峡横断無線の成功に刺激を受ける

一九二九年の不況はターマンの決心をいよいよ強いものにした。

「新しいビジネスを起こして、再び元気のある国にする以外にアメリカを救うことはできないだろう。とくに、カリフォルニアのこの地に新しい産業を起こし、スタンフォード大学の卒業生をこの地にとどめて活躍してもらうこと。このことこそ〝一石二鳥〟であり、大学の目的とするところでなくてはならない」と。

このようなターマンにとって、いまから伸びる産業は、はっきりしていた。

ラジオ（広くは無線）工学であった。この広い土地を所有しているアメリカにとって、最も大切なのは統一をいかにして保つか、ということであった。あらゆる人種、文化のゴッタ煮の国である。

中央政府がいくらわめいてみせてもどうなることではない。どうにもならないどころか、うかうかすると反発をまねいて離れていくかもしれない。アメリカ独立にあたって連邦政府がやったことは、最小限のことであった。ほかは、地方の自治に任せたのである。

知事はガバナー（統治する人）と呼ばれ、大いなる権力を与えられたのである。いまに至るもこのことは変わっていない。米国の大統領選挙の大騒ぎもその基本は、大統領は人々が選ぶという民主主義の信念に基づいている。


このような米国が国を挙げてやった仕事の一つが、すでに述べた大陸横断鉄道であった。駅には有線の通信機がおかれ、「トン・ツー、トン・ツー」とモールス信号で通信が行われていた。ただ、これは大変不便なものであった。

天災、風害、その他人為的な行為によってしばしば通信網は切断されたのである。うまい方法はないものか、と人々が考えて当然であった。

このような米国にとって、マルコーニ（一八七四―一九三七）が一八九九年にドーバー海峡横断無線の実験に成功したことは、大変な事件であった。ちなみにマルコーニはこのことによって一九〇九年度のノーベル物理学賞を受けている。

ガレージ・カンパニーの祖「ヒューレットとパッカード」

☆二人で無線ビジネスを起こせ

マルコーニの快挙に、アメリカ中の心ある人たちは沸き立ったのであった。あのイタリアのボンボン（マルコーニは貴族の生まれで、学校に行かないで家庭教師によって独学したといわれる）が、今度は欧州とアメリカ間の無線通信をやろうとしている。こんなことを放っておいてよいのか。アメリカの冒険野郎たちはいきりかえったのであった。

ド・フォレスト（一八七三―一九六一）、アーム・ストロング（一八九〇―一九五四自殺）などが次から次へと「無線」の研究を始めたのであった。そのなかにはロシアの移民の子で、後に大エレクトロニクス王国を築き上げたデイビット・サーノフもいた。

後にこの三人は、誰がラジオ、テレビの源流をつくったのか、と激しく争うことになる。その争いのなかで、アーム・ストロングは自殺するという悲劇を生むのであるが、とりあえずはあのイタリア野郎に負けてなるものか、とともに協力し合ったのであった。

このような技術の流れをターマンはカリフォルニアの地で見ていた。そうして、この無線これからをかけるのにふさわしい仕事だと考え、勉強を始めたのだ。しかし、残念なことにターマンは体が弱い。誰か自分のこの想いを引き継いで、この分野で自分に代わってビジネスをしてくれる若人はいないか？　教授になった彼は目を皿のようにして入学してくる学生を観察していたのであった。

ちょうどこんなときに、スタンフォード大学に入ってきた二人の学生がいた。一九三〇年のことである。一人がビル・ヒューレットであり、もう一人がデヴィット・パッカードである。二人はそれまでお互いに知らなかった。

育った環境も、土地も、性格も全く違う二人を引き合わせたのがターマンであった。「仲良くしろ、二人でカリフォルニアの地に、無線のビジネスを起こせ」。ターマンは二人に説くわけである。

一体、ターマンがどのようなインスピレーションに導かれて二人にコンビを進めたのか、いまでは知る由もないが、この二人は絶妙のコンビとなっていった。

☆成功の裏にグレイ・パーソン

事業を始めるときは、とかく似た者同志が集まる。これはある意味では当然のことである。というのも、起業というのは「ワイワイ、ガヤガヤ」やっているときにそのアイデアを思いつくことが多いからだ。ただし、当然のことながら「ワイワイ、ガヤガヤ」の行方はうまくいかないことが多い。理由は簡単で、企業にはいろんなタイプの人間が必要だからだ。とくに、業を起こした当初はどこに落とし穴があるのかわからない。

同じタイプだと見つける穴も似てしまうので、予想もしなかった思いもかけぬ穴のなかに落ち込むことになる。いろんな人間（知恵）を必要とする所以だ。

ところがこれがなかなか難しい。お互い意気上がって走っているときが大変危ないのである。よくいわれるのだが、「ホンダ」における「本田宗一郎と藤澤武夫」、「ソニー」における「井深大と盛田昭夫」の如きコンビをつくることが、成功の条件の一つとなる。この二例の場合は、「技術と商売」という分担になるが、分担の形はどうもこれがよいようだ。

コンビの場合、一方が他方を絶対的に信頼していることが必要である。お互いがお互いの仕事に不可侵である、ということでもある。「ホンダ」の場合、ある大きさの企業になったとき、本田の一声で二人がみごとに身を引いた。このケースなどもお互いの信頼関係がなければとてもこうはいかない。

このホンダやソニーのケースに先立つこと二十年、「ヒューレット・パッカード」の場合は、まさに典型的なよいコンビであった。

何度もいうが、二人は似た者同志ではない。放っておけば友達になったかどうか？　こんな二人をつないだのが、ターマンである。

シリコンバレーの成功物語の蔭に「グレイ・パーソン」がいる、というのはこのことである。

☆秀才ではなかった二人

ヒューレットとパッカードは秀才であったか？　どうも違うようだ。二人はそれぞれに特徴をもった個性のある学生ではあったようだが、決して秀才と呼べる学生ではなかった。この二人のどこに眼をつけたのか、ターマンの炯眼にはまことに驚くべきものがある。

事業というのは行動をともなう。世の中、知識だけで仕事ができるようにとかく思いがちだが、行動のともなわない知識は事業としては長続きしない。

秀才というのは、いろんなことを勉強しているから物事においてとかく批判的、評論家的となる。言葉を換えると、知識が行動を妨げるのである。

大体、起業なんてものは、最後の最後まで、読み切れるものではない。読み切れていればすでに大企業がやってしまっている。誰もやっていないときに船出をするためには、どうしても冒険野郎の精神がいる。冒険心なしでは業の起こしようがないのである。

ターマンから刺激を受けた二人は、自分たちで何かをやろうと思うようになった。

ただ、何をやったらよいのか。はじめからはっきりしていたわけではない。ターマンの示唆によって、いまから来るべき無線エレクトロニクスの時代について何かをやりたいとは思いだしていたが、具体的アイデアがあったわけではない。それは、ターマン自身も同じだったようだ。

マルコーニ、ド・フォレスト、アーム・ストロングと続いた新しい無線工学の流れのうえに、いま世界は変わろうとしている、という予感だけが、ターマンを揺り動かしていたのであった。

☆ビル・ヒューレットの生い立ち

ビル・ヒューレットは一九一三年、アルビン・ウォルター・ヒューレットの子として生まれた。ヒューレット家はカリフォルニアの名門で、彼は立派な父母、祖母をもち、金銭的には何の不自由もない子であった。

しかし好事魔多し、というか、彼には生まれついての先天的障害があった。視覚的な先天性欠陥で文章が逆さまに見えるという。現在はDyslexia（デスレキシア）と呼ばれているが、当時は病気の存在すらよくわかっていなかった。

知能指数の高い子に多いようで、あの天才、アインシュタインにもこの傾向があったのではないか、ともいわれている。賢い子がこんな目に遭ったら、当然考え込むであろう。ビル・ヒューレットもまた自閉症的で、知恵遅れの子だと思われていた。

父親のアルビンは、東にあるジョンホプキンス大学の医学部を卒業し、スタンフォード大学の教授としてカリフォルニアの地に帰ってきたのだが、早くして亡くなったので、ビルの教育は専ら、祖母や母親によって行われた。

教育、といっても根気よく読むことを繰り返すだけだ。ビルは少しずつ、自らの頭のなかで自動翻訳の仕組みを考えていく。ある程度、読み書きができるようになり学校に行くわけだが、こんな子がよき生徒であるはずはない。目立たない、静かな生徒であった。

高等学校生活も終わりになった頃、校長先生が一人ひとりの生徒に希望する大学を聞いた。そのとき、大人しいビル少年が断固としてスタンフォード大学への進学を希望するわけである。すでに述べたように、当時のスタンフォードはそう立派な大学ではなかった。しかし、校長先生はビル少年の希望を聞いて目をむくのである。そして、これまた断固としていった。「君の成績ではスタンフォードは無理だよ」と。

かくして断固と断固が鉢合わせをすることになる。

☆運命の糸

「ひとたびいいだしたら、頑固そのものになる」。多くの起業家にとって成功するための要件の一つだ。ビル少年もまた、ここぞというところではきわめて頑固であった。スタンフォード大学進学をいっかな断念しないのである。こうなったら石の地蔵サンと問答をしているようなものだ。

くたびれ果てた校長はビルの母親を学校に呼んで聞いた。「あなたの息子さんは何であんなにスタンフォードに固執するのですか?」母親は答える。「じつは亡くなったあれの父親がスタンフォードの教授をしていたものですから」。

この返事を聞いて校長はびっくりするわけである。「えっ。あの子はアルビン・ウォルターの息子なんですか。あのアルビンは私がいままで教えた多くの生徒のなかでも抜群の子でした」。こうして校長先生は早速、スタンフォード大学への推薦状を書いてくれたのであった。

「というわけで、私は何とかスタンフォードにもぐり込めたのだが、その次の年にその校長先生は老年退職ということになったから、スベリ込みも間一髪というところでセーフというわけだ。人生ってこんなものだよ」と、しばしばヒューレットは語ったものだ。ヒューレットにいわれるまでもなく、人生の出会いというものは不思議なものだ。


このとき、ビル・ヒューレットがスタンフォードに入っていなかったらターマンやパッカードとの出会いもなかったし、ヒューレット・パッカード社は誕生しなかっただろう。ヒューレット・パッカード社の成功がなければ、インダストリアル・パークや、ひいてはショックレイ研究所もカリフォルニアのこの地に来なかっただろうし、そうすれば、シリコンバレーもまた出来上がっていないだろう。

一期一会というが、このように糸をたぐっていくと、運命の女神もなかなか味なことをやるものである。

☆デヴィット・パッカードの生い立ち

デヴィット・パッカードは、ビル・ヒューレットと対照的な生い立ちである。彼はコロラドのプエブロの町で一九一二年に生まれた。

プエブロの町は、ド田舎もド田舎、デヴィットが生まれた頃は、町中で西部劇さながらのドンパチがまだ行われていたらしい。まぁ、こんなところで育った少年が、学術優秀、品行方正であるはずもないのであって、デヴィット少年もその例外ではなかった。

生まれつき頑健で元気のよかった少年は、西部劇のデービィ・クロケットになったり、マーシャルになったり、それはそれは忙しくコロラドの街や山野を走り回っていたのであった。時として窮地に追い込まれたスカンクの最後の一発を浴びて、皆から文字通り「鼻つまみもの」にされたりしたこともある。

母親というのは子供の元気がよければよいで心配なもので、このまま大きくなられたら大変だ、と考えたのであろう。コロラドの地以外の場所をデヴィットに知らしめるべく、夏休みを利用してカリフォルニアの知人の家を訪ねた。俗にいう「ホームステイ」に行ったのである。

カリフォルニアの蒼い海と空は、この多感な少年の心を強く捕らえたのである。この大行動派の少年は、今度はカリフォルニアの地を走り回ろうと決心する。

「だってコロラドと違って、あそこは気候がよいから年がら年中走り回れるし、何より海があるからね」。まぁこうは考えたが、コロラド脱出のためには大学をカリフォルニアに選ばねばならない。

それにパッカード家はあまり金はない。金がないのであれば奨学金をあてにする以外ない。学業で奨学金をもらう自信はなかったが、運動なら可能かもしれない。こうしてパッカードは万能運動選手としてスタンフォード大学に入ったのだ。

実に、彼はインターカレッジの競技において、フットボールから陸上まで、あらゆる掛けもちをこなしていくのである。人間、それぞれに取り柄はあるものだ。

☆GEで仕事のイロハを学ぶ

このような水と油のような二人をくっつけたのが、ターマンであった。

何度もいうが、一人は金持のボンボンで先天的な病をもった少年。もう一人は病とは全く関係のない行動派の少年。放っておけばこの二人が仲良くなるとは考えられないコンビだ。

ターマンが二人のどこに眼をつけたのかは不明だが、この二人の絶妙なコンビは年とともに大きく成長していくことになる。

念のためにいっておくが、いくらコンビができたからといって仕事が降ってくるわけではない。ベンチャーをやりたい、といっているだけで天から仕事が降ってくるように思われがちだが、とんでもない話だ。

たとえ仕事が降ってきても、そんな仕事は長続きしない、と心得るべきだ。チャカチャカやって大儲けできるようなら誰も苦労はしない。昔から〝悪銭身につかず〟といったが、これは言い得て妙である。

悪銭というのは悪いことをして得た金、という意味もあるが、広くは「簡単に手にした金」という意味である。悪銭ほど逃げ足の速いことをバブル時代に経験したし、いままた経験しつつある。

コンビこそできたが、ヒューレットもパッカードも、先生のターマンも仕事について具体的アイデアがあるわけではない。

とりあえずは、飯を食わなければならない。パッカードは東の方、GE（ゼネラル・エレクトロニック）に就職する。パッカードはターマンのサゼスチョンを受けて、最先端技術である無線関係の仕事を望んだが、受け入れられなかったようだ。GEが彼に与えた仕事は冷蔵庫の改良であった。まぁ、運動選手には適当な仕事だ、とGEは思ったのかもしれない。

パッカードはがっくりきて、いよいよカリフォルニアへの想いを深くしていく。そのときターマンは、パッカードをなぐさめた。「どんな仕事でもよいじゃないか。君は仕事の仕方を

ＧＥで習ったらよい。これはきっと君が自分の仕事をするときに役立つよ」。

ＧＥこそ、よい面の皮だ。こうして起業家たちにとって就職は「仮の住居」に過ぎない、という伝説が生まれた。

いよいよ起業

☆事業目的は高周波受信器と医療機器の製作

不況は続いていた。ＧＥの冷蔵庫も売れたり売れなかったりした。そのたびに会社は従業員を一時的にレイ・オフした。パッカードも例外ではなかった。

そんなとき、パッカードはプロのフットボール選手のアルバイトをしたという。パッカードがいかにすぐれた運動神経の持ち主であったかわかるだろう。簡単にいってしまえば、飛んだり踊ったりするのが大好きな青年であった、というわけだ。

こんな元気なパッカードにとって、あのカリフォルニアの空と海は忘れることのできないものであった。それに比べてこの東部の冬のなんと陰気なことだろう。

それに、彼にはカリフォルニアに将来の結婚を誓った恋人がいる。これでは「カリフォルニアに戻ってくるな」、というほうが無理というものである。パッカードはなんとかカリフォルニアの地で仕事はないものかと探し始めた。

こんなパッカードのためにターマンはスタンフォード大学の奨学金五百ドルを用意した。いくら不景気で物価の安い時代とはいえ、五百ドルは安すぎる。とても生活できるような金額ではない。しかし、パッカードはそれでもカリフォルニアに帰ってくる。そして、長い間の恋人、ルシール・サンテアと結婚する。しかし、食えないから新妻はアルバイトをして亭主を支えた。米国の起業家たちは、その創業の当初において奥さんが働いて支えるということをよくやる。パッカードはその元祖ともいうべき存在になるのである。

☆何でもやりますよ

ヒューレットとパッカードの友情はこの間も続いていたが、いよいよ二人は新しいビジネスのための試案をつくった。これにはターマン先生のアイデアも入っていた。

その表紙には「事業計画」と大書してあり、その下に「新しいベンチャービジネスについての試案」とある。事業の目的については、「高周波受信器と医療機器の製作」となっていた。「高周波受信器と医療機器」、一体どういう関係があるんだ、と皆さんは思われるであろう。

実は私もそう思う。「何じゃい、これは?」というわけだ。しかし、よく考えて見給え。大体、物事の始まりというのは「何じゃい、これは?」というところから始まる。ベンチャービジネスはとくにそうだ。

要するにヒューレットとパッカードが店開きにあたっていっているのは「さぁ、何でもやりますよ」ということなのである。だってそうであろう。まず、金を稼がねばならないのだ、何でもやりますぜ、という以外にないではないか。

どこの国、どこの地でも一緒だが、医者というのは、地方の名士であり、金持だ。何しろ、何より大切な命を預けるのだから。カリフォルニアでも同じことだった。医者たちは地方の名士であり、いろいろな新しい試みをするパイオニアでもあった。

彼らはいろんな機器を発明し、時には自動車の改良までやったのである。例えば、難聴の人には補聴器をつくらなければいけなかったし、歩きにくい人には歩行器を、血行を良くするためには赤外線の熱源を、といったふうに、医者関係の機器の注文はかなりの量にのぼった。それに医者は金持であったから金払いもよかったに違いない。アルバイトにはもってこいということであったろう。

ヒューレットとパッカードはこうして資金を貯めていった。物事の始まりというのはこんなものだ。一つ一つ、自分で積み上げていくことが大切だ。

最初からドカーンと金のついた仕事なんか、どうも大成しないのが多い。あの天才、ショックレイだってそうなんだから、ほかは推して知るべしだ。国のプロジェクトあたりもこのことをよく考えないと、大盤振る舞いの結果、何も残らない、ということになりかねない。

お金というものは苦労した奴にだけついてまわるのだ。一攫千金なんてのはおとぎ話のなかでしかないと肝に銘ずることだ。

☆根付く独立独歩の精神

ここまでの話で「おかしいなぁ」と思った読者もいるであろう。「パッカードはいざ知らず、ヒューレットは名門の金持の子。だったら、金はいくらでもあったはず。スタート資金ぐらい何とでもなったろうに」と。

しかし、そこが米国と日本の大きな違いである。

以前、米国に住んでいたときに、感心したことがある。新聞配達の少年のことである。大体この仕事はお金のない家の子がアルバイト的にやる、というふうに、当時私は考えていた。だから、新聞配達の少年と顔が会うと、時々キャンディをやったり、クリスマスには小さなプレゼントを渡したりしていた。

その度に少年はにこやかに「サンキュー」といって受け取ってくれた。「なかなか、さわやかな子だな」という印象をもっていた。ある日、大変な雪が降った。私の住んでいた場所は郊外の田舎だったから、「これはとても今日の新聞配達は無理だろう」と思っていたら「ドサッ」と新聞を投げ込む音がした。「これは、これは」と驚いて労をねぎらおうと戸を開けて見て驚いた。家の前には、金ピカ装備のキャデラックが停まっていて、運転席には親爺の姿。そのキャデラックは一流中の超一流のもので、街でもめったに見かけないような代物だった。少年は大金持の息子だったのだ。恐らく父親は裸一貫でアメリカに渡り成功したのだろう。

その体験から少年に「お金の有り難さ」を小さいときから訓練しつつ、独立した人間として教育していたのであろう。

私のいいたいことは、「米国では、幼いときから、親は親、子は子なのだ。親の金は親の金、子に渡すには一定のルールがある」ということだ。

このような、独立独歩の精神が米国のパイオニア・スピリットを支えているのである。お金の有難味がわからないことには、ビジネスの発展はないことを肝に銘ずべきだ。

☆ガレージで下請け仕事

ヒューレットは金持であったが、そう簡単に金を工面できたわけではない。どこの国でも同じことだが、どう転がるかわからないような仕事に、そう簡単に金が集まるはずはないのである。

それでも、なんとか金を集めたヒューレットは、小さな家をパロ・アルトの街に借りたのであった。いまでもこの家は昔のままに残っている。家の横に、小さなガレージがついていて、二人はここで、下請け的な仕事を始めたのだ。

こうした仕事の仕方は、後にベンチャー起業のスタートのパターンとなった。いわゆる「ガレージ・カンパニー」だ。何事もスタートは華々しいものではない。地味な、地を這うようなスタートこそ、もっとも堅実なものであることを、ヒューレットとパッカードは教えている。

こうして、少し金の貯まったところで、いよいよ二人は本格的に会社を動かそうとする。さて、会社の名前を何とするか？　二人の名前にしよう、というところまでは決まったが、ではどちらを先にするか、ということで、二人はコインを投げた。

表が出ればヒューレット、裏が出ればパッカード、というわけだ。表が出てヒューレットの名が先に出て「ヒューレット・パッカード」社となった。

ここで皆さんも気がつかれたと思うが、彼らベンチャー起業家にとっては、仕事は遊びなのだ。楽しいことなのだ。ゴルフをやるように、麻雀をやるように、面白いものなのだ。面白くないものが長続きするはずはない。「面白くする」のが成功の秘訣なのである。

☆仕事を楽しくやる精神

先に「仕事は遊びだ」と書いた。儒教的教育に凝り固まった人たちはよく「仕事に命を賭ける」などという。このような糞真面目で余裕のなさを笑うところから、シリコンバレーの若者はスタートするようだ。

もちろん、これは「仕事をいい加減にやる」ということではない。「仕事を一生懸命にやるためには面白くないといけない」というところからの発想である。

この意味では、彼らベンチャー起業家の精神は東洋的リゴリズム（厳格主義）の対極にある。いずれが否か。それは好みの問題であろう。しかし、現在の情報化時代の勝者の多くは、遊びの精神で仕事をしている。だからこそ、彼らはスタートにあたっては、面白い名前を会社につけることに熱中する。例えば、「ヤフー」はご承知のようにガリバー旅行記からとっている。いまや米国では、「面白い名前をつけるのが、会社を成功させる条件だ」なんて説も現れている。「アマゾン」、「イーベイ」、「シスコ」などなど、これはなんじゃい、というふざけた名前が並んでいるのがこの分野の特徴である。

「マイクロソフト」や「インテル」もそのなかにあってはいささか堅苦しい感じがする。すでに古ぼけかけた「オジン」というわけだ。

「ちょっとばかり、はしゃぎ過ぎ、行き過ぎではないか」って？　私もそう思う。だが、これに代わる新しい「カルチャー」をもってこないかぎり〝馬の耳に念仏〟とばかりに彼らは走り回るだろう。

なぜなら「仕事を楽しくやろう」なんて考えは、過去の刻苦精励のなかからは出て来ようがないし、全く新しいカルチャーといってもよいものであるからだ。

☆発振器のコピー商品でスタート

ヒューレットとパッカードはこうして、借りたガレージの片隅でアルバイトを始めた。彼らは、少し金がたまったところで、何か新しい製品を売り出そうと思った。しかし、思ったからといって、すぐに製品ができるわけではない。

そこで、彼らは考えた。よく売れている商品のコピーをつくろう、と。いまでいう「セカンド・ソース」である。

当時、シカゴにゼネラル・ラジオという大会社があり、そこから発売されていたベストセラー商品に「オーディオ発振器」があった。二人はこれに目をつけ、コピー商品をつくるわけである。ゼネラル・ラジオの発振器は、大変評判のよい商品だったが、値段が高く五百ドルほどしていた。

ヒューレットとパッカードは、そのコピー商品を三分の一の値段で売り出したのである。何しろガレージでつくるのだから、安くて当たり前だ。

パッカードの回想によると、当時、二人は原価計算の仕方など知らなくて、商品が売れた、売れた、と単純に喜んでいたらしい。しかし、次第にキャッシュ・フロー（現金）が回らなくなって、おかしいと思って調べてみたら、赤字であった。慌てて二倍に値上げしたという。

まぁ、何事もスタートはそんなものだ。最初から原価計算などと考えていると、品物のできないうちに会社は潰れてしまう。

それよりも、まずはやってみることだ。そうすると、何かが返ってくる。そこで軌道を修正したらよいのだ。走りもしないで、走り方の分析研究をするのは、起業家の取るべき道ではない。

☆産学協同でネガティブ・フィード・バック理論を実用品へ

ガレージ・カンパニー「ヒューレット・パッカード（HP）」はスタートした。しかし、それだけであったら、現在のHPはなかったであろう。転機は再び、ターマンからやってきたのだ。

ここにわれわれは、産学協同の一つの典型を見ることができる。この他人の能力を見抜くのに卓抜した力をもっていた男は、一方で、世界の新しいラジオ工学の発展にも大変な関心をもっていた。

どうもターマンは、自らが仕事をするというより、他人の仕事を理解し、それを育てる能力に優れていたようだ。

当時、東の方、ニュージャージーにあったベル研究所にいたブラック博士の提唱した「ネガティブ・フィード・バック理論」にターマンは注目したのである。ひとことでいうと、この理論は、「発振器の出力の一部を入力に戻すと、発振が安定する」というものだ。

この理論を実際に応用してみることをターマンはヒューレットにすすめた。ヒューレットは、このターマンの示唆に従って、この理論を、現在製造している「オーディオ発振器」に応用すべく実験を始めた。そしてこの内攻的な男は昼夜を問わず実験に没頭して、世に先がけて、応用に成功した。

こうして、最新の学問的成果が、いち早く、現実の商品に応用されたわけである。見事な産学協同の結果が生まれたわけだ。

この例からもわかるように、産学協同というのも、要は「人と人とのつながり、ヒューマン・ネットワーク」に始まる。組織や枠組みをつくることも大切であろう。建物もあったほうがよい。しかし、何よりも大切なのは、信頼をもって横につながる人間と人間とのネットワークである。これがなかったら、血は交わらないのだ。

いま、日本ではみごとな仕掛けが方々にできている。これに血が通じるかどうかは、いまの強い縦割りの日本的なものが、どのくらい横につながり得るか、ということにかかっているのである。

☆歴史をつくった「新しき結合」

こうしてできあがったHPのオーディオ発振器は売れに売れて、HPの基礎をつくった。

ちょうどこの時期（一九四一年）に日米戦争が始まった。この戦いはいままでの戦争を一変するような科学技術の戦いであった。

レーダーをはじめとして、多くのエレクトロニクスの機器が発明され、実用化された。その中心は発振器であり、ＨＰの業容は急激に拡大していった。新しい時代がやってきたのだ。

このようなＨＰの歴史をみてみると、次のようなことがいえるだろう。

(1) 仕事の始まりは、そんなに華々しいものではない。何かをやりたい、という熱意があれば、物まねでもよいのだ。ただ、単純に物をまねても、そこからは何も生まれない、物まねにも工夫がいる。ＨＰの場合は「低コスト」ということであった。

(2) しかし、物まねだけでは、大成は望めないだろう。ＨＰの成功はこのようなコピー商品から始まりはしたが、そこに最新の科学技術の成果（ブラックの「フィードバック理論」）を取り入れたことによる。ここで作用したのは「産学協同」の仕組みであった。

こうみてくると、いかにも物ごとがスムーズに、自然に動いたように見える。しかし、よくよく考えてみると、その底には、シュンペーターがいう「新しき組み合わせ、結合の縁」が働いていることがわかる。

そこには、ターマン、ヒューレット、パッカードという一つの強い「ヒューマン的結合」があり、「技術」と「産業」を結ぼうというスタンフォード大学の強いカルチャーがあった。結果としてブラックの「フィードバック理論」というものをいち早く取り入れるという新しい結合の仕組みが働いたのだ。

一見、偶然の結果のように見える成果も、一つの縁によってつながれていることがわかる。釈迦はそれを「因果の縁」といい、シュンペーターは「新しき結合」と呼んだのであろう。

第五章　ユニークな発想と行動の「ショックレイ」と裏切り者たち

半導体時代を拓いたショックレイと八人のユダ

☆産学協同の象徴「インダストリアル・パーク」

ヒューレットとパッカードの成功は、カリフォルニアの人たちを大変元気づけたのであった。何も、事業を起こすには、ニューヨークやシカゴまで行かなくても、この地で十分できるのではないか。確かに田舎かもしれないが、気候は大変よろしい。住みやすいところだ。この利点を使わない手はないだろう。人々は多少自信をもつようになった。

しかし、ヒューレットとパッカードの成功だけでは「シリコンバレー」はできなかったし、いわんや、現在の情報化社会を動かすような仕掛けはできなかったろう。そのためには、さらに一人の巨人がこの地にやってくる必要があったのだ。

そのための段取りをしたのも、ターマンであった。ターマン教授は自分の教え子、ヒューレットとパッカードの成功を見て、いよいよ「産学協同」の必要性に確信をもつようになった。

一九五四年、彼はスタンフォード大学のなかに「インダストリアル・パーク」と名付けた「産学協同の場」をつくるのである。

「なーんだ。例のやつか」などといわないでいただきたい。いまでこそこのような産学協同の場は世界中にたくさんある。日本でも鳴り物入りでつくられた。しかし、これはすべて、シリコンバレーの成功を見てつくられものだ。

いわば「エピゴーネン、亜流」なのだ。世界最初の「産学協同の場」はまさに、ターマンによってなされたのだ。

この点が重要なのだ。いまから思えば「コロンブスの卵」であるかもしれない。誰が考えても不思議はない発想だ。

しかし、このような仕掛けが世界最初につくられた、という精神はいまに至るも脈々と受け継がれていて、シリコンバレーでは工夫するものだけが生きていけるのだ。

私のスタンフォードの友人が語ったように、シリコンバレーは脈々として常に変化しているのだ。まさに「今日のシリコンバレーは昨日のものとは違う」のである。

何度もいうが、その源泉は「工夫」だ。

☆ベル研の中でトランジスタに挑戦

いまでは、スタンフォード大学のなかにあるインダストリアル・パークはあまりにも有名である。企業にとって、このパークに居を構えることは、一つのステイタス・シンボルになっている。ここは一流企業の展示場なのだ。このパークのなかをドライブすると、次から次に、現代の立役者たる会社が現れてくる。

だが、この立役者も油断はできない。街の雀たちはドライブしながらささやき合う。「あれ、あの会社の芝の手入れが少し悪いようだ。噂どおり、会社がうまくいっていないようだな」。

このように、いまでこそ高く評価されているインダストリアル・パークだが、すんなり立ち上がったわけではない。スタンフォード大学自身が、まだたいした大学ではなかったのだから。そんな大学が、珍しい店を開いたからといって、人がワンサと押しかけるわけがない。企業誘致の運動が始まった。

このような状況のなかで、一人の男がここに関心をもった。名前をウィリアム・ショックレイという。すでに述べたように、第二次世界大戦はエレクトロニクス技術の戦いであった。その心臓をなすのが、「真空管」であった。「自然は真空を嫌う」という有名な言葉があるように、この「真空のなかに電子を走らせる装置」はしばしば故障した。心臓が止まっては、戦争にならない。

一九四〇年代に、米国軍部の強い要請によって、「真空を必要としない増幅器」の開発が一つのブームとなった。誰が最初に「固体内の電子をコントロールし、増幅作用を起こさせるか」

という競争が始まった。

ベル研究所のなかでも、いくつかのグループがこの仕事に挑戦したが、結果としてのチャンピオンはウイリアム・ショックレイ、ジョン・バーディン、ウォルター・ブレテインの三人組となった。ショックレイはそのチームリーダーをしていた、卓越した物理学者であった。

しかし、彼は学者であっただけではない。行動力においても抜群の男であったのだ。

☆三人が役割分担した理論・実験・実用化のプロセスが機能

一九四八年、ベル研究所の三人組、ショックレイ、バーディンとブレテインは、とうとうほかに先がけて、固体内（ゲルマニウム）の電流の増幅に成功したのであった。

私がバーディンに直接聞いたところでは、発明にいたる三人の役割は、理論的な思考構成がバーディン、実験がブレテイン、チームリーダーがショックレイという役割だったという。

固体内の電流の増幅作用を見つけたのは、バーディンとブレテインであった。ショックレイは、そのとき、イギリスのキャベンディシュ研究所に行っていた。

固体内部には、真空中と違って、多くの欠陥がある。とくにその表面には、いろいろな物理的、科学的な欠陥が集中している。これらの理解とコントロールができなければ、とても固体内の電流増幅など望めない。

ショックレイは、そのように考えて、当時、固体内の欠陥問題については世界をリードしていたキャベンディシュ研究所に議論に行っていたのである。

発見はその留守中に行われたのだ。固体内の増幅現象発見の報を聞いたショックレイは、急処イギリスから飛んで帰り、昼夜、眠る間もないほどのハードワークの結果、現在のP―n―P構造やMOS型構造の原型をつくる。

こうみてくると、三人組のチームワークは見事に作業したように見える。理論のバーディンが実験方法を考え、それをブレテインが実行する。

しかし、それだけでは、実用化にはほど遠い。理論→実験の結果をもとに、それを現実のデバイスとなるような構造へと工夫する。

トランジスタの場合は、この三つのプロセスが理想的に機能した。しかし、これはあくまでも後になっていえることで、発見、発明の当初には、人々はそうは考えなかった。

「なるほど、おもしろい発見だ。しかし、この実用化はとても、とても……」というのが人々の評価であった。

☆会社は商品化に二の足、それなら……

世間というものは保守的なものだ。どんな大発明でも、それがそのまま受け入れられることは、きわめて稀である。それはそうだろう。発明が画期的であればあるだけ、それは現実から遊離して見える。普通の人からみれば、「とても、とても……」ということになる。

トランジスタの発明もまたそんな扱いを受けることになる。ショックレイにとっては、それが無念で、無念でならなかった。

「これほどの発明なのに誰も理解してくれない。世間の奴どもの目は節穴か」という思いが募ってくるのであった。しかも、ベル研の兄弟会社で製造を担当しているウェスタン・エレクトリックまでが、その商品化に消極的であることがわかるに及んで、無念の想いは激怒へと変わっていった。

この彼の思いを一言にしていえば、「どいつもこいつも節穴ばかりだ。よし、誰もやらないというのなら俺がやる。見ておれ」ということであったろう。

この学者離れした決断と行動力をもち合わせた男は、今度は実業家になるべく走り出した。このような彼の行動をバックアップしようと申し入れたのが、当時の有名な光学機械会社であったベックマンであった。ベックマンは、光学機械会社としては、世界の雄であったが、それだけではいけないと見て、新しい分野への展開を狙っていたのである。

強力なスポンサーもついた。金の心配はない。いよいよ旗上げだ。

さぁ、場所はどこにするか、という段になって、ターマンが乗り出すわけである。大学のなかに世界初のインダストリアル・パークをつくってはみたものの、なかなかよいキャッチフレーズが見つからない。

この「トランジスタ」こそ、それになりうるに違いない。この二人の男の出会いこそが、「シリコンバレー」を発祥させた源となったのであった。

☆製品化直前に飛び出した「八人のユダ」

ショックレイは、自らを持することにおいて、誠に誇り高い男であった。その態度は時として、傲慢《ごうまん》きわまりないように見えた。しかし、同時に彼は情熱の人でもあった。彼の情熱に一度火がつくと、その行動は留まるところを知らなかった。

彼の名を慕って集まってきた若い人たちに熱心にトランジスタの原理を教え、その製造方法を教え、応用を教えた。

その限りにおいては、問題は何もなかった。ショックレイは熱心な先生であり、集まった若者は従順な生徒であった。


異変は、いよいよ製品をつくるという段階に入ったときに起こった。ショックレイは、P―n―P―nなる四層構造のものからスタートしようとした。若い連中はもっとやさしい三層構造のほうがよいと主張した。ショックレイは、自分の意思を変えるような男ではない。対立は日に日に激しさを増していった。

結果として若人たちは、「フェアチャイルド・カメラ」の資金的バックアップを得て「フェアチャイルド・セミコンダクター」をつくるのである。ショックレイ研究所は、空となり倒産する。ショックレイは、このときの八人の主謀者を一生、「八人のユダ」とののしるわけである。いい得て妙である。確かに、若人たちは、ユダと呼ばれても仕様のないところがある。原理から製造方法まですべて習って、後で飛び出して同様の会社をつくる。これほど能率のよい仕事のやり方はない。

しかし、シリコンバレーでは、このようなことが許されるのである。いや、全く新しいビジネスの起こし方として、このようなユダの商法が定着し、世界へと発振した点において、シリコンバレーはユニークであったのだ。離合集散はシリコンバレーでは日常茶飯事である。「フェアチャイルド・セミコンダクター」もやがて三十八の会社へと分かれていくのである。まさにシリコンバレーは、横へ横へと拡がっていく社会なのだ。

☆コアは先見的な構想力

シリコンバレーも一朝一夕で成り立ったものではない。一九五六年、ターマンの招請によりショックレイが東の地、ベル研究所からやってきてから、世界を動かすまでに成長するには、約四十年の長い歳月を必要とした。

しかし、この二人のパイオニアがその種を撒かなかったら、シリコンバレーは存在しなかったであろうことも間違いのないところである。

このように考えてくると、一つの文化をつくるのも、コアとなるのは「先見的な構想力」をもった、わずかな人達によることがわかる。

それは、多くの人達がワイワイ、ガヤガヤとつくるものではない。人々がワイワイいい出すときはすでに遅いと考えたほうがいいだろう。

まだ皆が思いもつかなかった時期に孤独との争いを戦ったわずかな人たちがいたからこそ、種が播けたのである。

この意味において、現在の日本の仕組みはあまりに、ワイワイ、ガヤガヤと国主導に過ぎるように思われる。

新しい芽は、あくまでも個々の人間の創意と工夫であり、国や地方政府はそれらの芽を育てるということではないといけないであろう。

国民のほうもあまり政治や政府に要求し、期待するのではなく、自らが発想し、行動するという覚悟をもちたいものだ。そうでなかったら、自らの文化はもってないものと考えるべきなのである。

それは国や地方政府から与えられるものではない。シナリオは自らが演ずるという勇気がなかったら、いくら立派な舞台をつくってみても、宝のもち腐れとなるだけである。

現在、日本ではいろいろなところに多くの舞台がつくられている。地域協同センターなど産官学の仕組みはそこら中にある。そして、その演劇の批評家は山のようにいる。ただ、プレイヤーには事欠いているというのが現実である。自らを賭して旗を揚げようという人が少ないといってよいのだ。若人の奮起を望みたい。

核分裂繰り返して数百の半導体会社に

☆いつの間にかシリコンバレーに

こうしてフェアチャイルド・セミコンダクターを飛び出した三十八の会社は、次々とユダを生みながら核分裂を起こし、最後には数百の半導体会社がスタンフォード大学を中心にして散在するまでになった。

半導体に使われるシリコンの名をとって、この地方をいつの間にか「シリコンバレー」と呼ぶようになった。

☆米大学教授採用の広き門

株式会社ショックレイ研究所は破産した。しかし〝虎は死して皮を残す〟の譬えの通り、ショックレイ研究所は、次なる一つの時代の核をつくったのだ。ショックレイももって瞑すべきであろう。

ところで、研究所が潰れた後、ショックレイはどうしたのであろうか。この行動的な男は一九八九年、七十九歳で亡くなるまで、走り回ることをやめることはなかった。彼はたちまちにして大学教授に変身した。米国の大学は面白いところで、面白そうな人間がいれば、引っ張ってきて、たちまち教授にしてしまうのである。

しかし、こんな人間は大変忙しい。したがって、大学にくくりつけておくわけにはいかない。そこで、いろいろな教授をつくる。毎日大学にくる教授もいれば、月一回、いやいや、年に数回、というのもいる。これは本人と大学のネゴ（交渉）による。変幻自在（？）である。

私の例で恐縮だが、私が会社を退くと聞いたとき、スタンフォード大学の教授をしている友人から、スタンフォードで教授をしないか、という誘いを受けた。有り難い話ではあるが、日本にも仕事が残っていて、とても米国に住むわけにはいかなかった。そこで出てきたのが、年に数回の講義をする、という提案である。教授職名が、「ディスティングイッシュト・プロフェッサー」か「コンサルタント・プロフェッサー」か、ということであった。

ディスティングイッシュト（顕著な、有名な、地位の高い、人品のよい＝岩波英和辞典より）などといわれると、とてもとてもという感じで、コンサルタント（顧問）プロフェッサーということになった。これほど大学も自在である。これでないと世界中の才は集まらないだろう。

これに比較すると、日本の大学はまだまだ自己閉鎖性が強く、とても開かれているとはいえない。

☆ショックレイのその後

ショックレイはスタンフォードで講義をすることになった。そしてまた、そこで大騒動を起こすのである。彼はそこで遺伝学の講義を始めた。そして叫んだのである。「人種には優良なものとそうでないものがある」と。

これは、米国ではタブー中のタブーである。彼は排撃の嵐のなかにさらされることになる。しかし、彼は昂然《こうぜん》たるものであった。「私は、純粋に統計物理学の結論を語っているに過ぎない。私の結論は科学的なものだ。異議があれば、私のところにきて、科学に基づいて議論をしたらどうだ。そのような議論であれば、私は喜んで受ける」と。

ある大学の先生はいったものだ。「ショックレイも困ったものだ。世間の感情というものがわかっていない。大体、ショックレイと物理学的な議論をして言い負かせられる人間なんていやしない」。

こうしてショックレイは、再び孤立してスタンフォードを去らなくてはならなかった。その後、ショックレイは何をやったか。驚くなかれ、彼は、世界初の人工受精の会社をつくったのである。いまでも、人工受精液第一号のショックレイの精子は、冷凍庫のなかに保存されているはずである。

こうして彼は伝説の人となった。彼は多くの人々に反逆されたが、彼のユニークな発想と行動はいまでもシリコンバレーの文化として残っているのである。

いわく、「ユニークな工夫こそが世のなかを変えるのだ」と。そこには異端を正統とする活力がある。

☆異端の群れが正統になれる社会

すでに何度も述べたが、シリコンバレーの強さは、異端の文化の集まり、ということであり、異端が下克上へと駆け上がることを許容する文化であるということだ。ここでは常に離合集散が行われており、〝昨日の敵は今日の友〟、逆もまた然り、である。この新しい結合こそがシリコンバレーのダイナミズムを生んでいる。

言葉を換えれば、異端の群れが正統へと駆け登っていく社会がシリコンバレーなのだ。ここでそのドライブ・フォースは、パイオニアたる名誉と、結果として生じる金であろう。

簡単にいえば、ここは「目立ちたがり屋」の世界であり、「俺が、俺が」という社会なのだ。

謙譲を美徳とする東洋の文化からは遥かに離れた世界である。いま、世界中の「目立ちたがり屋」が、この地を目指して集まってきている。そして、それを許容する大らかさがこの社会にはある。

これに比べて日本はどうなのであろう。ここでは強い縦社会の枠組みがびっしりと張りめぐらされ、少しの隙間もない。異端が入り込む余地は、まるでないように見える。とても息苦しく感じる。

しかし、よく考えてみれば、米国だってもともとは巨大な資本の君臨する典型的な資本主義国家であり、その本質は、良きにつけ、悪しきにつけ、現在も変わってはいない。

そのような国のなかで、若人たちは、新しい天地を、異端の行動を通じながらつくっていった。そして、いまや、それが世界を動かしているのである。

こう考えてくると、日本の若人たちも、もう少し元気を出して欲しいものだ。異端をもって正統と化すような意気込みをもってほしい。とくに現在沈滞している大企業に勤めている若人たちに頑張っていただきたいと願うものである。

☆米国的情報化社会の矛盾

ここのところ、シリコンバレー発のニュースはいささか精彩に欠ける。これはある意味では当然である。十数年も走り回ったのだ。くたびれてきて当然だろう。とはいえ、この十年間のシリコンバレーの活躍は、まさに一つの文化を創った。そうしてその文化が世界を動かしてきた。問題は、いまからどうなるのか、ということであろう。確かに、シリコンバレーは一息ついているが、これがそのまま一つの終わりを迎えてしまうとは、とても考えられない。大体、CtoCコマースはまだ全体の一―二％に過ぎないのだ。ビジネス（商売）の立場からいっても、新しい焔がそんなにたやすく消えるはずがないであろう。では、いま、いろいろ問題があるように見えるのはなぜなのであろうか？

それは難しいことではない。かつて古人もいったように〝伸びんと欲すれば屈せよ〟という状態にあるのがいまのシリコンバレーなのだと見ておくべきであろう。

ＩＴ産業は屈折点、いわゆる踊り場に差し掛かっている。これは、いままで百％米国に依存してきた米国的情報化社会が、いささか矛盾をはらみ出したからだといってもよいであろう。一人勝ちというのはいかなる名人でもなかなか続けられない。これはマージャンの例を思い浮かべればよいであろう。

皆、米国流に慣れてきて、エピゴーネン（亜流）がそこらじゅうをうろつき出したから、本家がはっきりしなくなった、といってもよい。米国的にいえば、これらエピゴーネンたちと差別化するためにどう工夫するか、ということであるし、エピゴーネンからいえば、いよいよ模倣の時代から自らの工夫の時代へ入ったといってよいだろう。

いずれにしろ、工夫と才覚が一段と求められる時代がきた、ということである。

☆エピゴーネンは成功しない

さて、日本に目を転じてみると、これまた大変である。シリコンバレーどころではない。シリコンバレーがちょっとクシャミをしただけで、日本のIT産業は軒並み大揺れに揺れてしまった。

いよいよ日本も、IT化時代が本格的にやってきたと浮かれているところに、ITバブルの崩壊に見舞われ、各メーカーともハードたるとソフトたるとを問わず、軒並みの業績下方修正で、それも生半可なものではなかった。人員削減だ、退職勧告だと大騒ぎしたことは記憶に新しい。

時の内閣は、IT産業による景気復興というシナリオを描いていたのにである。

なぜそうなり、ではどうしたらよいのか？　このことについても大いなる指針を与えてくれるのがシリコンバレーである。それは次の二つの点からだ。

一つは、日本のIT産業化政策自身が、米国のそれをいち早く日本にもってこようという、悪くいえばエピゴーネン（亜流）的、よくいってもかつてのキャッチ・アップ型の政策をそのまま踏襲したものであった、ということである。

IT社会というのは、「創業者のみが利をまっとうできる社会」なのである。後から行って面白い目に会おうなんてとても成り立つ世界ではない。

誰にでも参入できるけれど、しかし、そこでのキーは、「いかなる工夫があるか」ということである。それぞれの工夫の価値を問う社会なのだ。その変化は早く、とてもエピゴーネンが生き延びられる世界ではない。

いまの日本の現状はまさにそのことを如実に証明している。こんなことをやっていたら、われわれは永遠に追いつけないものを求め続けていくことになるであろう。

いま、シリコンバレーの人間たちは、日本人のもっている千四百兆円の資産に注目しているといわれる。彼らは、その金を軸にし、いま一度、「新しき構想」を打ち出そうとしているというのである。

不動産や金融の世界では、すでに彼らは大きな利を日本の泥沼のなかから得ていることは日々のニュースの伝えるところだが、それと同じく、「日本には、新しい活力を自らが生む、発想力はないようだ。だとすれば、いま、あり余っている日本の金を使って、次の時代のシリコンバレーをつくってみようか」と考えている。

それもよいかもしれない。世界の人が日本に集まろうという魅力がまだあるということだから。しかし、淋しいね……。そんなに日本は発想のない国なのだろうか?

これまで、若者、つまり個人を叱咤激励してきた。しかし、個人ではいかんとも成し難い世界もある。国の仕組みの問題だ。次項ではこの点に触れてみることにしよう。

第六章　規制は「緩和」でなく「廃止」を

制度疲労目立つ日本国の仕組み

☆改築にも許可必要

最近、私は家を改築した。古くなったから少し補強し、建て増しをしたわけだ。そのためには許可がいるが、その手続きが大変だった。また、許可を得るためには金がいる。念のためにいっておくが、私の家は山の上にあって、隣とゴタゴタする環境にはない。ただそれだけに、環境に対する規制が厳しいのである。

誰が自分の家を環境にそぐわないデザインにすべく苦労をするかというのだ。放っといてくれといいたいのだが、放っておいてくれない。

こんな例は山のようにある。例えば車のシートベルト。シートベルトをしないと、衝突のときに死亡する確率がこれだけ高くなりますよ。政府はそれだけいったらよいのである。

自分を大切に思う人は、二重三重に工夫するだろう。そうでない人はベルトをつけないかもしれない。それは自分に返ってくることで、自分で判断したらよいのである。

シートベルト法をつくるだけではない。法律をつくったら、次は国民を教育だ、と今度はチェックである。忙しいときに車をいちいち止めて、ベルトをしていないとマイナス一点などとテストしている。

このように人民を指導するのが政府だ、という牢固たる観念が規制を生み、国民の自由なる行動と発想を妨げているのだ。

☆規制なんかしていません

「規制緩和だ」というと必ず、「規制なんかしていませんよ。どんな不自由がありますか」という答えが政府から返ってくる。この間もある大臣が「役人に規制緩和なんていうと、大臣、規制なんかしていませんよ。何か具体的におっしゃって下さい」といつもいわれると、あるテレビで話していた。

さもありなん、と思った。「悪いことなんかしていませんよ。おかしいところがあったら具体的に指摘してもらわないとね」といっているのである。

これが、役人的・大会社的返事なのであって、「自分達は一生懸命やっている。これがベストだと信じている。おかしいところがあるはずはない」という発想である。

確かに一生懸命やっているのであろう。しかし、そんな発想からは何も創造的破壊が出てこないのも事実だ。

細かいことをグタグタいってみても仕方がないので、本質的なところだけ述べてみると、みなさん、「規制、規制」というが、その手法がいくつあるかご存知ですか？

「許可、認可、免許、特許、承認、認定、確認、免除、決定、証明、認証、解除、公認、検認、試験、検査、検定、指定、発録、届出、申告、提出、報告、交付」などとなっている。


そこで問題を一つ。許可、承認、認定の違いを述べよ。次に、検認、試験、検査、検定の定義を述べよ。このような問題は上に示した手法のなかからいくらでもつくられる。

普通の人には理解できない独りよがりの仕組みをやめることだ。大体、こんな具合にして百余年にわたってできあがった「規制」を「緩和」するという考えが間違っているのであって、これは、断固として「廃止」すべきだ。

規制によって、既得権益のうえにあぐらをかいている部門を改革することが構造改革の本質であろう。間違ってはいけない。

☆辞任認めず「解任」

この国の仕組み、つまり官僚制度は制度疲労を起こしている。新しい時代をつくるためには、どうしても議論をし、是正しなくてはならない点がある。念のためにいっておくが、この制度は、明治立国以来百数十年、日本を支え、発展させてきた原動力だ。現在の日本をつくった最大の功労者といってよい。

だからこそ困るのである。考えても見給え。会社に創業の大功労者がいるとする。年をとっても、ぼけても、功労者であり、大株主であるから、いつまでも君臨している。誰もこれに対して文句をいうことができない。こんな会社が傾くのは当たり前のことで、現在の日本の仕組みがそうなっているのだ。

このような内部制度の矛盾を解決するのは、マルクス流にいえば「革命的破壊」であり、シュンペーター流にいえば「創造的破壊」ということになる。

ところが、これが至難なのである。成功体験が大きければ大きいだけ、このことは難しくなる。構造改革の名のもとに、省庁の再編が行われてきた。

だが、たとえ、組織は変わっても中身が変わらなければ何にもならない。かえって統合され巨大になると権力が集中して、ややこしい存在になる可能性すらある。

じつは私は、かつて政府のある委員会の委員を辞任すべく届けを提出したことがある。「何月何日に委員会をやるから出席されたい」と頭越しにやられても、私も忙しい。東京に住んでいるわけではないので、ほとんど出席できない。これ以上は迷惑はかけられない、と届けを出したのである。

しかし、どうもそれが大変なことであったらしいのだ。半年も放っておかれたあげく、忘れた頃に、次の大臣の名で私のもとに届けられた書面には「委員を解任する」とあった。屁理屈はどうあれ、私は、「首になった」のである。思うに、国にとっては「お上から任命された委員が自分で辞めたい」なんていうことはあり得ないのだ。

この一事をもってしても、国と国民との関係は一方的なものであることがわかろうというものだ。本質は未だに何も変わっていない。

質より量で書類の山

☆「開かれた大学へ」で二つの驚き

私はいま、ある国立大学の外部評価委員をしているが、国立大学の先生方は大変である。「大学を国民に開く」という、かつて国立大学の歴史になかった努力を懸命にされている。「大学を国民に開け」という主張をしてきた私にとって、そのお手伝いをするのは大変名誉なことだが、その過程で大変驚いたことが二つある。

一つは、書類の山だ、ということである。どうも大変な厚さのレポートをつくる競争になっているかのようで、先生方の労力もまた大変である。質より量の気配で、ひとたび官僚のプロセスにのると、物事すべてこうなるのかと、唖然《あぜん》たる思いである。外部評価をいい出したものとしてじくじたらざるを得ない。

こうして、次から次に仕事をつくって、廊下を書類の山にして、人々を困らす（？）のが明治以来の官僚の仕事であった。こんなことなら、外部評価なんかやめて、潰れるところは潰れなさい、といったほうがよいのではないか。

二つ目に驚いたのは、いろいろとアンケートや依頼の書類がくるのだが、返信用の封筒も切手もついていない、ということだ。大体、人に物を頼むのに、こんな礼を失したやり方はないだろう。

これは先生方の責任ではない。事務をやっている官僚の責任であろう。こんな人たちが、道徳教育とか、常識教育とかいっても誰も聞かんだろう。真偽はわからないが、そのような費用は法にない、という意見もあって、驚くばかりだ。

もし、そうだとすると人民は「お上」にサービスをするのが当然だ、という考えがいまでも残っているとしかいいようがない。まず、〝魁《かい》より始めよ〟、といいたい。自分たちは何も変わらないで、人にばかりに変化を要求しているやり方をやめなさい。

もっとも切手を送ってきた大学もあることはある。しかし、それはこっそり、ということであった。すべてががんじがらめなのである。

☆世界にも例のない法令社会

もちろん、個々に彼らを責めるのが酷であることは承知している。基本的な仕掛けがそうなっているのだ。彼らはその歯車の一つに過ぎない。もし、歯車の一つがほかの仕掛けに反して逆にまわろうものなら、全体が壊れてしまうであろう。

では、その仕掛けとは何か? これは、もうはっきりしている。もろもろの法律、規制である。明治以来、計画経済を熱心に推進してきた優秀な官僚諸兄は、世界にも例を見ない法令社会をつくりあげた。人々の一挙手、一投足まで縛ってしまおうと、微に入り細にわたって決められた法、規制、規定は、フォーマットから文章まで、かくあるべし、と定めて、それ以外は受けつけない。

考えてみれば、これは驚くべきことである。あらゆることが、がんじがらめに決められ、身動きもとれない。そんなところに新しいことをやろうとしたものだから、また新しい規制、設定をつくる、ということになって、なかでは自己撞着《どうちゃく》をおこして、わけがわからなくなっているものがある。

例えば、「産学共同」の問題だ。国立大学の先生方に、大いに産業界と一緒に仕事をして下さい、というのが、いまの流行であるが、実態はなかなか進まない。

進まないはずだ。公務員法の基本には、「一個人や、一企業に利を図ってはならない」という項目があり、「産学協同」なんていえば、この大原則に真っ向からぶつかるのである。「そこは適当に」なんていっても、とても「適当に」処理できるようなものではない。

今年の四月から国立大学は法人化された。「さあ、どうぞ自由に!!」という話であるが、実態は全く変わっていない。

先生方は、大いに頭をかしげながらソロソロ歩いている、というのが現状であろう。そんななかで、派手に勢いよくやったのが、摘発されたりするから、真面目な先生方の悩みはいよいよ深くなる。こんなのも、全体の仕組みが右まわりのままで、個々の歯車は左にまわれ、といっているようなものだ。

☆官僚諸兄の奮起を望む！

官僚諸兄の批判をだいぶいってきたが、はっきりしておかなくてはいけないのは、一人一人は大変優秀であるということだ。

何か質問でもしようものなら、「あっ、それは米国ではこう、英国やドイツでは、フランスでは……」とたて板に水のような返事が返ってくる。レポートなんか書かしたらお手のものだ。膨大な、気の遠くなるようなものができあがってくる。

結果として書類の山である。書類のなかに埋没して書類と首っ引きで、間違いのない解釈を探す。世界広しといえどもこれほど優秀な官僚も珍しいといわなくてはならない。

ただ、残念なのは、これらの才や知識が、改革に向かわなくて、自己増殖だけに使われているということである。自ら仕組みを変えよう、なんて夢にも思っていないということだ。

もちろん個々にはそのような気概をもっている人もいるだろう。しかし、不思議なことはそれが決して「力」となっていないことだ。

かつて、岸信介あたりが、戦時中、これではいかん、と大改革を試みたことがある。しかし、それは、時の権力者「軍部」と結託した動きであって、自らの止むに止まれぬ改革とはほど遠いものであった。

昭和の妖怪と後に呼ばれるような岸信介にしてこの程度であったから、この百年の堅塁はちょっとやそっとでは抜けないだろう。

あるいはこの堅塁が崩れたときに、次の時代の日本が現れるのかもしれない。官僚諸兄の奮起を望みたい。

第七章　出でよ異端者！

いまこそ必要な冒険野郎

☆三百年前には和冠がいた

この間、ある雑誌の編集長がやって来た。「どうしてこうも日本は元気がないのだろうか。ひとことでいって、その原因は何か」という御下問である。

言下に応えた。「冒険野郎がいないからさ」、「なぜいないのか」。

ここから問題はきわめて評論家風になるが、日本ではそのような土壌はないのか、農耕民族は冒険をしないのか、などなど議論が続出した。

結論からいうと、「日本人には冒険心がないのか?」、断々固として「ノー」である。

それは、歴史をみればよくわかる。ことの是非は別にして、かつては和冠《わこう》と呼ばれた冒険野郎が、東支那海を走りまわっていた時代もあったし、そもそも日本の始まりはどうも世界中の冒険野郎が東へ東へと歩を進めてドンヅマリの日本に至った、というのがことの真相ではないのか。

いまでも和歌山には徐福《じょふく》の墓というのがある。念のためにいうと、徐福というのは、中国の秦の始皇帝（紀元前二五九―二一〇）の命をうけて不老不死の妙薬を求めて世界中をうろつき回った男である。

このような日本の歴史を考えると、「日本人に冒険心がない」なんてとても考えられない。この日本人の冒険心が長い三百年にわたる徳川幕府の鎖国政策によって眠らされたのである。

明治政府はこの徳川に対して革命を起こしたのであったが、奇妙なことにそのときの旗印は「尊王攘夷」であった。外国からの圧力によって三百年の鎖国を解こうという徳川幕府に対して、「国を閉じよ」とわめいて革命を行ったのである。この混乱はいまに至るも続いていて、政府は異端を許さない。

すべての政策は自らが立案するものだという考えのもとに日夜文献を読み、テキストをつくろうという仕事をいまに至るも放棄しようとしない。世の中を変えるのは異端たる冒険野郎である、ということをその本質において認めないのである。

☆異端ゆえに正統たりうる

ギルバート・キース・チェスタートン（一八七四―一九三六）は、独得のレトリックを駆使しながら「異端とは何か」について論じた。チェスタートン流にいえば「異端」はまさに「異端ゆえに正統たりうる」のである。

それは前に触れた（先人たちに学ぶ工夫思考の方法論）ヘーゲル流の弁証法的論理にも通じる、といってよいであろう。繰り返せば、ヘーゲルによると、万物の生成発展は「正、反、合」のプロセスをたどるとする。

ここにいう「正」とは「正統」のことだ。世の主流である。これに反対するもの、即ち「反、異端」が加わることによって闘争が起こり、これらが合体してより高き状況「合」に至る。この「合」が今度は「正」となり、また同じプロセスを経てさらなる新しい状況が生まれる。これがヘーゲルの打ち出した弁証法的発展の論理である。

なかなかうまくいったものだ。この論理を労働者の革命の論理へと応用したのがマルクスであり、循環的社会と創造的破壊社会として捉えたのがシュンペーターであった。

いずれにしろ、社会が発展するためには正統があり異端がないといけないということだ。正統一辺倒の世界は活力を生まず、進化しない。

正統、異端、名にこだわることはない。チェスタートン流にいえば、異端こそ正統たりうるのである。ビジネスの世界でも同じである。

知識が行動を妨げる

☆大企業のベンチャーが育たない理由

現在、日本では国をあげて起業家育成に取り組んでいる。大企業もその例外ではない。大企業には金もあり、人もいる。新しい企業が続々と興って不思議ではない環境なのだが、それがそうなっていない。

だからこそ、日本の不況は長引いたのであり、起業家を鐘や太鼓で探さなくてはならないことになったのである。

理由は明白である。知識が行動を妨げているのだ。例をあげてみよう。

頼まれるままに、ある大企業の「ベンチャー育成会議」に出席したときのことだ。社長以下お歴々の並ぶ前で「社内起業家」たちが自らの案を説明するのだが、もう、ボロクソである。ボロクソにいわれる理由は、「そんなことで本当にビジネスがスタートできるのか」という言葉につきる。

しかし、これは要求するほうが無理というものだ。ベンチャービジネスというのは、わからないけれどスタートするところにその意味がある。

その分だけビジネスプランは粗雑となる。そこを突かれれば「わかりません」という以外はない。結果としてもう一度つくり直せ、ということになって、そのビジネスプランは経営企画室あたりにまわされる。

こうなるともう駄目である。社長に叱られないために、知識の固まりのような連中が、ここも駄目、あそこも駄目といじりまわし、模範回答をつくりあげる。

牙も抜かれ、歯も抜かれ、文字通り平凡な企画書になってしまう。これでは上手くいくはずもない。

会社でこのような状況を打破できる人間は一人しかいない。社長である。しかし、これは炎天に水を求め、八百屋に行って肉を求めるようなものだといえば言い過ぎか。

かくして大企業からのベンチャー出現は論理的に不可能となる。これは日米問わずいえることだ。もちろん、例外はあるだろうが。

☆重要なのは「知」と「行動」のバランス

この大企業の例でいえることは、知識ばかりが過大となって、行動すべきときに行動できなくなることである。いわゆる〝論語読みの論語知らず〟となることである。こうなると行動の妨げとなる。

現在は情報化時代である。知識は洪水の如くである。

いけないことは、このようなあふれんばかりの情報のなかにあって迷うことだ。いや、迷うことも決して悪いことではないが、迷った結果、行動できなくなることである。

行動には必ず危険をともなう。知識は危険の数々を教えてくれる。危険を数えだしたらもう何もできなくなる。蓄えた知識によってリスクを分析しながら、どこで行動に踏み切るか、というのが起業家のとるべき道である。知識はあくまで行動の指標である。

「知」と「行動」のチグハグぶりは、現代だけに限られた問題ではない。昔から知識人と呼ばれる人たちはへ理屈ばかりこねて行動という面では弱かった。

一方、行動派はというと、どうも手足のほうがはじめから勝手に動くようで、勢いはあるもののの、いつ、どこにスッ飛んでいくのか、とりとめのないようなところがある。

こういったところから、陽明学のような「知行一致」を説く学派があらわれたり、レーニン流の「インテリ批判」がまかり通っていたものだ。か弱き「インテリゲンチャ」はその間にあって、大いに悩んだのであった。

起業においてもことは同じである。知識と行動は必ずしも一致しない。というより、一致しないのが普通なのだ。だからこそ、人と人との組み合わせが効用を発揮するのだ。

しかし、無闇にいろんな人間が集まってみてもこれは俗にいう〝烏合《うごう》の衆〟であって、決して力にはならない。それぞれが自らをよく知ったうえで、その能力に応じて自分の仕事を分担する覚悟がないといけないだろう。

よくいわれる「カゴに乗る人、担ぐ人、そのまたワラジをつくる人」の分担がはっきりしている必要がある。はっきりしていて、かつ、それぞれの人がそれぞれの仕事に誇りをもち、熱中しているということが大切だ。

しかし、これはなかなか難しいことで、多くの場合、それぞれの仕事に多かれ、少なかれ不満をもっていることが多い。

こうなると、人々のもつ力は発揮されるどころか、ついにマイナスにすらなりかねないのである。


昔から、成功した企業というのはこのような意味においてベクトルがよく合い、人々の力がもっともよく合成される仕組みのできている企業である。とくに「知」と「行動」とのバランスのとれた企業が成功しているようだ。

しかし、完全にバランスがとれる、ということは至難の業で、その時々に応じて「行動派」がリーダーシップをとったり、「知性派」がとったりすることになる。

☆求められる「行動派」から「知性派」へのスムーズな移行

起業の始まりにおいては、「行動派」がリーダーシップをもつのがよいようだ。どうも「知性派」は理屈が多くて議論倒れに終わることが多いからだ。

金を儲けないことにはどうもならない時点では「ウダウダ」いっているだけではどうにもならないわけで、まず、「金儲けのための行動」というわけだ。

このことは歴史を振り返ってみればよくわかる。徳川幕府の成立にあたって最初に活躍したのは「武力派」であって、いわば「行動派」であった。

天下が手中に入ると（いい換えれば、起業が一応安定すると）、今度は「知性派」の登場となる。このあたりの引き継ぎは徳川政権においてはまことにうまくいった。

天下の戦乱のなかで権力の樹立に力のあった「行動派」は当然のことながらこのような政権の移動には大反対である。この反対をなだめながらうまく方針の転換をしたのが徳川幕府であって、失敗したのが豊臣家であった。

徳川の場合、大久保彦左衛門のような名物男をつくりながら、「行動派」の力のはけ口としつつ政権の移譲を図ったその手法は見事というほかはなく二代目秀忠の評価はもっと上がってもよいのではないかと思われる。

一方、失敗した豊臣家のほうはどうか。行動派と知性派との争いがその滅亡を生んだのである。徳川の大争いを目の前に、「行動派」の加藤清正、福島正則らが、「知性派」の石田三成憎さのために徳川方につくなど内部分裂もよいところで、これでは家康に勝てようはずもない。関ヶ原の前にすでに勝負はついていた、といってよい。

言葉を換えると、豊臣家は起業には一応大成功したかに見えたが息が続かなかった、といえる。息をつなぐためには「行動派」から「知性派」へのリーダーシップのスムーズな移転が必要なのだ。多くの起業家が目覚ましい成功の後に、ストンと潰れてしまうのは、この引き継ぎがうまくいっていないからである。「知」と「行」のバランスというのはこんな意味も含んでいるのである。

家族の協力も不可欠

☆最後のよりどころ

「家族」の話もしないといけないだろう。起業家の最後のよりどころは「家族」である。あのファイアストーンが脱硫法に成功して大企業をつくったときの家族の協力は、まことに涙ぐましいものであったが、ファイアストーンだけではない。

山内一豊の妻ではないが、夫の成功の陰には必ずといってよいほど夫人の内助の功があるものだ。一豊の妻といえば、いまでも高知城内に銅像が立っている。つらつらその面を見るに、なかなかのもので、一豊よりこの妻のほうが大名にふさわしかったのではないか、と思われる。

そういえば、高知の女性は強い。酒で酔っぱらわそう、なんて不逞のことを考えていると、あげ足をとられるのはこちらのほうだ、ということになる。

本題に帰ると、家庭の協力が得られない起業家の末路は悲惨である。


米国では離婚を経験して再度復活をかける独身男女のコンドミニアム（アパート）がある。ここは、既婚者も未婚者も入れない。かつて一、二度血にまみれた猛者《もさ》たちが復活をかける場であって、ここで結ばれると次の成功率はかなり高いという。

米国というのは面白いところで、何でもビジネスにしてしまうのである。一豊の妻がビジネスの種だなんて、とても日本では思いつきようがない。

「誰だい？　そんなコンドミニアムがあるなら是非紹介して欲しい、といっているのは！　紹介してくれ、なんて情けないことをいうな！　自分でやる！」。

これが起業家たる必須条件である。

ついでにいうと、日本でいう「マンション」という言葉は、あまり米国では使わないほうがよろしい。米国でマンションというと、森に囲まれた大邸宅をいうのであって、大変な金持であることを自称することになる。あくまでもコンドミニアムである。為念（ねんのため）。

☆内助のあり方

仕事をするにあたって（家族の、特に奥方の）内助の功は大変なものだ、と書いてきたが、それに対して、最近二つの返事をいただいた。一つは肯定的なもので、一つは否定的なものであった。

肯定的なほうからいうと、「その通りだ。妻なくして現在の私はない」と語られている。どうも御本人はかなりの御年令のようで、すでに仕事は長男にゆずり、悠々自適の生活のようであるが、この間の波乱万丈の生涯を思い出されながら、妻がいなかったらとても現在の自分はない、と結論されている。

そしてその長い手紙の末に、シュンペーターに言及され、「まさに妻との新結合こそ、私のエネルギーの源泉であった」と書いてあった。

突然シュンペーターが出てきたので私は読んでいて驚いたが、よく考えてみれば人生の「新結合」の始まりは結婚であるかもしれず、シュンペーター大先生がそこまで考えていたかどうかは別にして、一つの立派な解釈であろう。

他の一つは徹底的に否定的なものであった。「自分の一生は女房に苦しまされた一生であった」というのである。「ああ言えばこう言う」、「こう言えばああ言う」。女房は最初の二、三か月を過ぎると、自分にことごとく反対する。こうしたいといえば、「だめだ、だめだ」の大批判である。

横に大魔神がいるようなもので、考えてみれば我が人生は大魔神との論争に明け暮れた人生だったと書いてある。

しかし、様子をうかがうに、どうも御当人も功成り名遂げて人生の栄光に浴しているところがあるから、それはそれでよかったのであろう。最も巨大なアンチ・テーゼ（反対者）が、最も身近にいてワァワァいうから「何クソ」と力が出たのではないかと思われる。

こう考えると、ソクラテスもまた強力なる批判者の前で思考への道を余儀なくされたかもしれず、奥方の内助のあり方もまた多様である、というべきか。

「ユラギ」のなかで本質見抜く

☆揺れるのは当たり前

物事というのは何事も真直ぐには進んでいかない。「ユラギ」というものがある。自然現象を解明するために「ユラギ」というものをその手段にしようとする物理学もあって、この「ユラギ」に身を任せると「快適感」が生まれる、とするのである。エアコンや扇風機などにも、この「ユラギ」を応用したものがある。それによると、涼風が強くなったり弱くなったり「ユラグ」と快適感が増す、という。

自然の風も、波も確かに揺れているから気持がよい。公園のブランコもまた自ら揺らしながら快適感をもつことになる。社会もまた揺れる。米国の友人なども、民主主義のよいところは、この「ユラギ」にある、という。ワイワイ、ガヤガヤ、米国もしょっちゅう、揺れている。

しかし、民主主義のよいところは、揺れながらも長い歴史のなかでは必ず正しい方向を示す、ということだ、という。いわば、その基本に大衆の叡智を信じる、というところがある。

かく「揺れる」ということを物事の基本にすえてみると、物事がかなりはっきりしてくる。毎日のワイワイ、ガヤガヤに意味があるわけではない。それが行きつくところが大切なのである。この行きつく果てを見える人こそ「起業」の成功者となるのであろう。

〝論より証拠〟この十年間のワイワイ、ガヤガヤを見るがよい。そのほとんどは、いまから思えば、何とまあつまらねぇ「ユラギ」であったことか。

特に、この日本は世界に冠たる均一民族が、世界に冠たる狭さのなかに住んでいるから、付和雷同する環境が整っている。雷同しなければ、いまだに村八分的制裁を受けることがあるから、なかなか自己を発揮しにくい。

しかし、何度もいうが、「起業の道」は「ユラギ」のなかに身をゆだねながら鋭く自分を磨くことなのだ。

☆科学も芸術もユラギの中で発展

「揺れている」ということは楽しいことだ。子供だって「揺り籠」のなかで子守歌を聞きながらスヤスヤ眠っている。その子守歌だって、音に強弱、高低があってそれが快適感をつくり出しているのである。作曲というのはそういうものだ。

しかし、名作曲家になろうとすれば、ただ単に音を大きくしたり小さくしたりしただけでは駄目で、そこにメロディをつけないといけない。しかもそれが人の心に「快適感」を生むものでなくてはならない。

こうなってくると、作曲家の仕事も、ワイワイ、ガヤガヤの行く末をみることだ、ということになる。この行く末もまた「ユラギ」であると信じる物理学者たちがいて、どのような「ユラギ」をいかに並べれば快適感が生まれるか、という研究をしている。絵だって同じことだ。これは、色の強弱と配合の強弱で快適感を出そうとする活動である。しからば、このような強弱感を機械的に出せないものか、と考えた新しい芸術家の一群がいて、円板の上に絵具（ペンキ）を強弱大小配しておいて、円板をゆっくりと、時として早く回転させる。「ペンキ」は遠心力によって飛び、大小に応じて混じる。これがまた微妙に抽象画風で美しい。

いまから五十年前の話であるが、私もこの芸術運動に参加したことがあって、回転の強弱に応じて出来上がる文様を物理的に解析した。米国での話である。

この活動は、新しい芸術活動として、一時大いに注目されたものであったが、いまでは行方知れずとなった。「できあがった絵さえ美しければよい」と私などは思うのだが、「板をグルグルまわすんじゃ、芸術じゃないわい」ということになったのか。

簡単なことだ。皆さんもちょっとやってみるとよい。ええ加減な抽象画より美しく複雑な絵画ができること間違いない。

こんなことをいうのも、仕事の種は山ほどあるといいたいからである。

☆「専門家」を信じると失敗する

「ユラギ」といえば、株価もまた大いに揺いできた。株の場合、揺ぐから面白みがあるわけで、このゆらぎを利用して「さやを取る」のが株式取引の醍醐味である。

もっとも、さやを取るつもりがさやを取られてしまって、まことに無念、ということもあるから油断はできない。そこで、何とかの神頼みで、専門家の意見を聞くことになるが、これがなかなかもって頼りにならない。


筆者の長い経験に照らしても、専門家のいう通りにやったら、たいがい失敗をする。それはある意味では当然で、専門家というのは、その時々、大いに勉強はするのだが、勉強というのはあくまでも現状の分析なのであって、その延長上に物事があるわけではない。

ＩＴといえば、猫も杓子もＩＴに走る傾向になるわけで、いわば世の中の講釈師が専門家なのである。もちろん専門家の意見を聞くことは必要だ。しかし、すべてをその通りにやったらいずれは失敗することは間違いない。

このあたりを昔の人は「当たり屋につくな」といった。当たっている人についていくと危ない、というのである。当たり屋の意見を聞きながら、自分の判断をもつ、ということが大切である。どのくらい自分の判断をもつかで株で儲けられるかどうかが決まる。これまた起業家の道なのである。

世の中は講釈師で満ち満ちていて、上は政府の役人からテレビの人気者たる学者、評論家まで、意見・講釈には事欠かないが、彼らが大儲けをした、という話はたえて聞かない。こと経済の話になると、話を聞くのは五分、あとの五分は自らの才覚による以外はない。

人のやる通りやっていては、お金という怪物は決して寄りついてこないと心得るべきだ。儲けている奴は黙って儲けている。

☆頼みまっせ「エビスさん、ベンテンさん」

昔から日本では「えびす信仰」が盛んである。えびすさんというのは商売の神様である。あのニコニコ顔で商売の神様とは？　といぶかる向きもあるが、商売というのは陽気でないといけない、ということを示している。インイン・ウツウツは商売には向かない。空元気が大切なのである。

「商売繁盛、笹もって来い」とわめきながら、笹にぶら下がったもろもろのものをかついで帰る。福の神をかついで家のなかにもってこようというのである。

そんなに簡単に福の神がやってくるものか、というのは、現代の感覚であって、そんな小ざかしいことをいっているうちに福の神は逃げてしまう。エビスさんの横には弁天さんがいるのが常であって、これは女性の神様である。商売と女性がひっついているのがミソであって、古くから商売と女性は不可分と考えられていた証拠である。

さて、エビスさんとベンテンさんの前でパンパンと柏手を奉げ、五円銅貨をおひねりにして賽銭箱にほうりこみ叫ぶのである。

「エビスさん、ベンテンさん、大いに賽銭はずんどきましたぜ。御縁をおくんなさいよ」。

このあたりからすでに商売は始まっているわけで、エビスさんをいいくるめられるくらいでないと、商売の達人とはいえないことを示している。

これに対してエビスさん、ベンテンさんが何と答えるか、その年々によって異なることになる。

よければよいで翌年はまた御縁をいただきに行くし、悪ければ悪いで、今度は神社の裏にまわり、「エビスさん、ベンテンさん、去年はどうもワテのこと忘れはったんと違いまっか。今年こそ忘れんよう頼みまっせ。うまいこと今年がまわったら、来年はたんとお礼しまっせ」とささやくのである。

こうして年始めがはじまる。今年も、来年もエビスさんは休む暇もない。笑っているほかない。

おわりに

プロ野球球団の近鉄バファローズの合併、買収問題が話題を呼んでいる。このあとがきを書いている段階では、その帰趨は見えないが、ああ日本にもこんな起業家が登場したのだと、感慨深いものがある。

日本にも希望が出てきたと思う。いまさらいうまでもないことだが、時代の変わり目には、必ずといってよいほど、若い人たちの強いリーダーシップが現れるものだ。逆にいえば、若い人たちの強い意識改革がなければ、新しい時代はやってこない、といってよい。

それは明治維新の若き志士たちを見てもわかるし、第二次世界大戦後の若い人たちの活躍にも現れている。戦争に負けた日本は連合軍（実体は米国）に占領され、占領軍はそれまでの日本の指導者をことごとく追放した。このとき、一部の人たちからは、日本を骨抜きにして再起できないようにしたのだという米国の陰謀説まで流されたのであった。

このもっともらしい説は、その後の若人たちの健闘によって打ち砕かれた。うっとうしい老人、上役たちがいなくなって、若い人たちは猛然と動き出したのだ。大会社の場合でも上のほうはいなくなって、四十代そこそこの人たちが突如として否応なく社長になったのである。むちゃといえばこれほどむちゃなことはなかった。しかも、追放された人たちは、仕事にタッチすることを禁じら、院政でもしこうものなら、たちまち逮捕されたのである。

この果断な措置によって、日本は生まれ変わった。その後の世界の奇跡といわれた日本の快進撃はこうしてつくられたのである。

この経験からいえば、いまの日本を根本的に改革するためには、五十歳以上の人間を全部引退させるのが一番手っ取り早いのかもしれない。しかし、いまの日本は民主国家だ。そのような超法律的な手段は取りようがない。

そうなると、若い人たちの自覚を待つ以外はない。この当たり前といえば当たり前のことが、いまようやく目に見えて動き出した。動き出すと、日本は速い。うねりとなって次の時代へとつながっていくに違いない、と信じたい。

その動きを加速させる一助となればと思いつつ本書をまとめた。

本書の出版にあたっては、多くの人々のご協力を得ました。心より御礼申し上げます。

平成16年8月

水野　博之

本書は、コンピュータ業界の流通専門紙「週刊ＢＣＮ」に連載した「シリコンバレー伝説」（二〇〇〇年五月二九日号から二〇〇一年九月一七日号まで）、「新しき勇者たちへ」（二〇〇一年九月二四日号から二〇〇三年一二月二二日号まで）に加筆訂正、改題しました

著者略歴

水野　博之（みずの　ひろゆき）

広島市生まれ。1952年（昭和27年）京都大学理学部卒業と同時に松下電器産業入社。一貫して技術・開発畑を歩み、1990年から2期4年副社長として、デジタル家電、モバイル機器など今日のIT時代の基盤となる技術、製品開発をリードした。

理学博士。アメリカ電気電子技術者協会（IEEE）名誉会員で、現在、高知工科大学総合研究所所長、大阪電気通信大学副理事長、広島県産業科学技術研究所所長、立命館大学客員教授などを兼ねる。また、コナミ株式会社、株式会社メガチップスの社外重役でもある。

著書に『森を出たサルはどこへ行くのか—人生の思索ノート』（セルバ出版）、『創造のヒント』（工業調査会）、『誰も書かなかった松下幸之助』（日本実業出版社）、『ベンチャーやんなはれ』（日刊工業新聞社）など多数。

異端のすすめ—乱世を生き抜い起業家たちの軌跡

2004年9月13日　発行

著　者　水野　博之　

発行人　森　　忠順

発行所　株式会社セルバ出版
〒113-0034
東京都文京区湯島1丁目12番6号高関ビル3A
☎03（5812）1178　FAX 03（5812）1188

発　売　株式会社創英社／三省堂書店
〒101-0051
東京都千代田区神田神保町1丁目1番地
☎03（3291）2295　FAX 03（3292）7687

印刷・製本所　中和印刷株式会社

Printed in JAPAN
ISBN4-901380-29-X